Walther Ziegler

Descartes
en 60 minutes

traduit par
Nathalie Maupetit

Merci à Rudolf Aichner pour son infatigable travail de rédaction critique, à Silke Ruthenberg pour la finesse de son graphisme, à Angela Schumitz, Lydia Pointvogl, Eva Amberger, Christiane Hüttner, Dr. Martin Engler pour leur relecture attentive, et à Eleonore Presler, docteur en philosophie, qui a effectué une dernière relecture linguistique et scientifique du texte français. Je remercie aussi monsieur le Professeur Guntram Knapp à qui je dois ma passion pour la philosophie.

Je tiens à remercier tout particulièrement ma traductrice
Nathalie Maupetit

Informations bibliographiques de la Bibliothèque nationale de France :
Cette publication est référencée dans la bibliographie nationale de la Bibliothèque nationale de France.
Les informations bibliographiques détaillées sont disponibles sur internet : www.bnf.fr
© 2019 Dr. Walther Ziegler

Première édition janvier 2019
Conception graphique du contenu et de la couverture: Silke Ruthenberg avec des illustrations de:
Raphael Bräsecke, Creactive - Atelier de publicité, bande dessinée & d'illustrations (dessins)
© JackF - Fotolia.com (cadres)
© Valerie Potapova - Fotolia.com (cadres)
© Svetlana Gryankina - Fotolia.com (bulles entourant les citations)
Édition : BoD – Books on Demand, info@bod.fr
Impression : BoD – Books on Demand, In de Tarpen 42, Norderstedt (Allemagne)
Impression à la demande
ISBN : 978-2-3224-4331-4
Dépôt légal : Août 2022

Table des matières

La grande découverte de Descartes — 7

La pensée centrale de Descartes — 26

   Le doute de Descartes sur la perception :
Ce que nous voyons, entendons ou sentons
est-il vrai ? — 26

   Le doute de Descartes sur la conscience
éveillée : Ce que nous vivons est-il bien
réel ou n'est-ce qu'un rêve ? — 31

   Sommes-nous victimes d'un « malin génie » ? — 38

   La seule vérité certaine :
« Je pense donc je suis » — 43

   Si seule la pensée procure la certitude, — 52
l'existence de Dieu doit se penser logiquement — 52

   Le dualisme corps-esprit : « res cogitans »
et « res extensa » — 64

**À quoi nous sert la découverte de Descartes
aujourd'hui ?** — 72

   Une brève histoire de l'épistémologie de
Descartes à nos jours — 72

   Succès et revers du dualisme cartésien :
Le corps comme simple machine — 86

La « res cogitans » est-elle immortelle ? 100
« Je doute donc je suis » - Pourquoi cette formule est-elle si actuelle ? 104

Index des citations **111**

La grande découverte de Descartes

Le penseur français René Descartes (1596-1650) est l'un des philosophes les plus connus. Son « Je pense donc je suis », petite formule célèbre dans le monde entier, est enseigné à tous les lycéens français. Il est devenu par ailleurs un bien culturel universel de l'humanité. Descartes est considéré comme le fondateur du rationalisme et comme le père de la philosophie moderne. Il mérite à tous les égards ce titre honorifique de « père de la philosophie », car il ose quelque chose de révolutionnaire pour l'époque. À dire vrai, il est le Christophe Colomb de la philosophie. Tout comme ce grand navigateur qui découvre un continent jusqu'alors inconnu, le « Nouveau Monde », Descartes parvient à créer une nouvelle dimension du savoir et à modifier notre regard sur le monde. Avant Descartes, les chrétiens d'Occident ont cru pendant plus de mille ans à la parole des prophètes, notamment à Jésus Christ, et à la Bible en tant que preuve écrite de la révélation divine. Tout savoir sur le cosmos, sur la nature intérieure et extérieure prend sa source dans la foi.

Descartes arrive alors avec une exigence radicale. Le savoir ne doit plus être le fruit des révélations des prophètes et des saints, il doit se baser sur des connaissances certaines et incontestables. Selon Descartes en effet, les théologiens du Moyen Âge ont beaucoup trop d'avis contradictoires sur ce qui est vrai ou faux. Bien que Descartes ait reçu une éducation catholique dans une école jésuite, il commence à douter dès son plus jeune âge de ce qu'il a appris. Rétrospectivement, il écrit :

Il y a déjà quelque temps que je me suis aperçu que, dès mes premières années, j'avais reçu quantité de fausses opinions pour véritables [...].[2]

Descartes trouve des erreurs et des contradictions non seulement chez les théologiens, mais également dans la philosophie :

La grande découverte de Descartes

> Je ne dirai rien de la philosophie, sinon que, voyant qu'elle a été cultivée par les plus excellents esprits [...], néanmoins il ne s'y trouve encore aucune chose dont on ne dispute, et par conséquent qui ne soit douteuse.[3]

Il n'y a donc dans toute la philosophie aucune affirmation qui, selon Descartes, soit valable depuis l'Antiquité jusqu'à nos jours. Il nous manque un savoir certain, une connaissance assurée et incontestable. Et c'est précisément ce défi qu'il entend relever. Il se lance dans l'ambitieuse tentative de créer une fois pour toutes une science certaine, point de départ de la vraie connaissance, que personne ne pourra plus remettre en question. Il cherche, comme il le dit lui-même, le « point d'Archimède » à partir duquel nous pouvons appréhender, juger et maîtriser toutes les autres choses du monde et de l'univers.

> Archimède pour tirer le globe terrestre de sa place et le transporter en un autre lieu, ne demandait rien d'autre qu'un point qui fût fixé et assuré. Ainsi j'aurai droit de concevoir de hautes espérances, si je suis assez heureux pour trouver seulement une chose qui soit certaine et indubitable.[4]

Descartes part donc à la recherche de ce qui est certain et indubitable. C'est selon lui la tâche la plus noble et la plus importante de toute la philosophie. Une fois la base solide et certaine de la connaissance trouvée, tout le reste peut suivre :

> Ainsi [...] toute la philosophie est comme un arbre, dont les racines sont la métaphysique, le tronc est la physique et les branches qui sortent de ce tronc sont toutes les autres sciences [...].[5]

La grande découverte de Descartes

Comme bon nombre de grands philosophes de son époque, Descartes est un savant universel, à la fois mathématicien et scientifique. On lui doit le système de coordonnées cartésiennes avec l'abscisse x et l'ordonnée y qui nous est enseigné à l'école. Mais d'après Descartes, la géométrie tout comme l'arithmétique, la physique et toutes les autres disciplines nécessitent une base de connaissance certaine. Il se pose donc la question fondamentale : comment accéder à la connaissance certaine ? À quoi puis-je me fier réellement ? À ce que je vois, à ce que j'entends, à ce que je sens ? À ma pensée et à la logique ? Ou peut-être à ce que j'ai appris depuis mon plus jeune âge ? Sa réponse est radicale : à rien du tout ! Je dois dans un premier temps tout remettre en question :

[...] je me suis aperçu [...] qu'il me fallait entreprendre sérieusement une fois en ma vie de me défaire de toutes les opinions que j'avais reçues jusques alors en ma créance,

> et commencer tout de nouveau dès les fondements, si je voulais établir quelque chose de ferme et de constant dans les sciences.⁶

Descartes fait alors quelque chose d'inhabituel. Afin de remettre en cause toutes les choses fausses ou inexactes qu'il a apprises pendant sa jeunesse et repartir à zéro, il se retire, s'isole pendant une semaine et commence à méditer. C'est aussi la raison pour laquelle l'ouvrage qui le rendra célèbre s'intitule *Méditations métaphysiques*. Dans ce livre paru en 1641, Descartes note au fur et à mesure les réflexions qui accompagnent sa recherche de la vérité comme dans un journal. Il en résulte six méditations sur le chemin de l'accession à une connaissance absolument certaine. Aujourd'hui, nous associons la plupart du temps le terme de « méditation » à la technique de concentration d'inspiration orientale qui vise à contrôler l'attention dans le but de se libérer de l'emprise du quotidien. Par exemple, c'est en méditant dans la nature sous un figuier que Bouddha a vécu son expérience du nirvana. Chez Descartes, la méditation au sens latin de « *meditatio* » ne signifie dans un premier temps que « trouver le milieu, réfléchir, raisonner ». Le milieu que Descartes souhaite trouver, ce n'est pas le sens de la vie, mais la connaissance indubitable, la connaissance la plus profonde sur laquelle se basent toutes les autres connaissances :

Et je continuerai toujours dans ce chemin jusqu'à ce que j'aie rencontré quelque chose de certain [...].[7]

Contrairement à Bouddha, Descartes ne médite pas assis en tailleur dans la nature, mais dans son fauteuil devant la cheminée. Pourtant, comme Bouddha, il commence à méditer en se libérant dans sa retraite de toutes les croyances et de tous les préjugés qu'il porte en lui. Cet abandon et cette mise à distance de tout ce qu'il a appris et de toutes les convictions qu'il tenait autrefois pour vraies le plongent toutefois dans une grande incertitude :

> [...] et comme si tout à coup j'étais tombé dans une eau très profonde, je suis tellement surpris, que je ne puis assurer mes pieds dans le fonds, ni nager pour me soutenir au-dessus.[8]

Le choix des termes émotionnels dans cet extrait montre déjà que Descartes a recours à un style tout à fait nouveau. Il décrit son idée fondamentale et la manière dont elle lui est venue non plus dans la langue intellectuelle des philosophes, mais dans le style littéraire d'un roman autobiographique ou d'un journal. Ceci est tout aussi novateur que la publication de son ouvrage en langue française en 1647, à une époque où les ouvrages philosophiques sont exclusivement rédigés en latin. Ces livres étaient en effet destinés jusqu'alors à l'élite cultivée des latinistes. Mais Descartes veut aller plus loin :

La grande découverte de Descartes

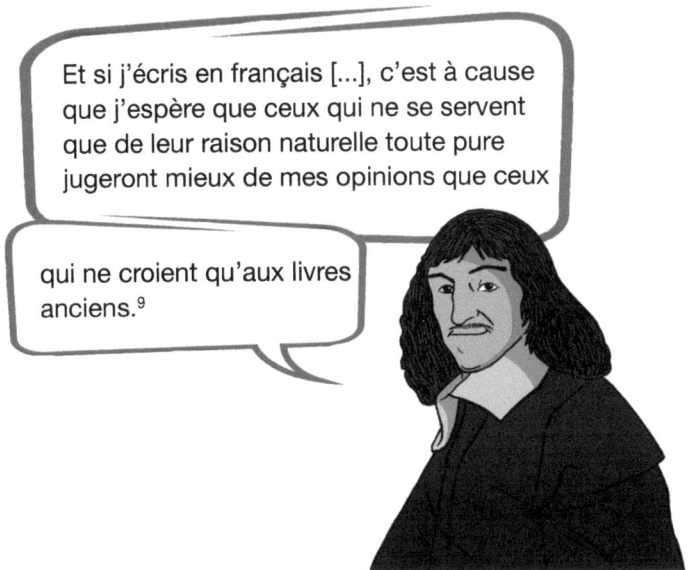

> Et si j'écris en français [...], c'est à cause que j'espère que ceux qui ne se servent que de leur raison naturelle toute pure jugeront mieux de mes opinions que ceux qui ne croient qu'aux livres anciens.[9]

Et il réussit. Ses *Méditations métaphysiques* lui apportent la notoriété de son vivant et deviennent un ouvrage qui marque son époque et qui nous occupe aujourd'hui encore. Il nous emmène dans l'univers de sa quête de la vérité et nous entraîne dans le tourbillon de ses réflexions sur ce qui, dans notre quotidien, n'est peut-être qu'illusion et tromperie. Pour parvenir à une dernière certitude, nous avons besoin, selon Descartes, d'une méthode radicale et tout à fait nouvelle – le doute méthodique.

> [...] plusieurs jugements [...] nous préviennent de telle sorte qu'il n'y a point d'apparence que nous puissions nous en délivrer, si nous n'entreprenons de douter une fois en notre vie de toutes les choses où nous trouverons le moindre soupçon d'incertitude [...].[10]

Ainsi Descartes doute-t-il même de ce qu'il voit de ses propres yeux. Il pourrait en effet s'agir d'un mirage ou d'une illusion. Et même ce que nous sommes sûrs d'avoir perçu correctement, sans erreur possible, pourrait être irréel. Qui nous dit en effet que nous ne sommes pas en train de rêver ? Qu'est-ce qui est absolument indubitable, s'interroge Descartes ? La réponse qu'il finit par trouver est sa célèbre formule philosophique :

> Je pense donc je suis [...].[11]

Selon Descartes, je peux douter de tout ce qui m'entoure sans exception, sauf du fait que j'existe au moment même où je doute. En effet, lorsque je doute, cela signifie que j'existe, et ce, que je me trompe ou non, que je rêve ou que je sois éveillé. Et puisque le doute n'est rien d'autre qu'une forme de pensée, Descartes en vient à sa célèbre conclusion :

> [...] et remarquant que cette vérité : Je pense, donc je suis, était si ferme et si assurée, que toutes les plus extravagantes suppositions des sceptiques n'étaient pas capables de l'ébranler.[12]

Cette dernière, ou plutôt devrait-on dire première certitude devient alors le point de départ de sa philosophie. Descartes constate en effet que penser est la vocation de l'homme :

> [...] et je trouve ici que la pensée est un attribut qui m'appartient : elle seule ne peut être détachée de moi. [...] Je ne suis donc, précisément parlant, qu'une chose qui pense, c'est-à-dire un esprit, un entendement ou une raison [...].[13]

Et puisqu'il en est ainsi, l'homme ne peut accepter que des connaissances claires et logiques. Ceci s'applique à toutes les observations, théories, et même à Dieu. Selon Descartes, il s'agit même de commencer par douter de l'existence de Dieu. Dans un second temps, on peut ensuite vérifier rationnellement la possibilité de son existence, et la prouver le cas échéant. Mais Descartes ose là quelque chose de très dangereux. Il substitue le savoir à la foi. Il sait pertinemment que cette entreprise est très risquée à l'époque. Alors qu'il écrit un livre sur les sciences naturelles en 1633, il apprend que son contemporain Galilée est jugé à Rome après avoir été accusé d'hérésie. Pour échapper à la peine de mort, Galilée est contraint de réfuter sa théorie selon laquelle la terre tourne sur elle-même. Certes, il ne sera pas brûlé sur le bûcher, mais condamné à la prison à perpétuité. Descartes redoute lui aussi d'être poursuivi pour hérésie. Dans ces circonstances, il cache ses écrits, en détruit certains chapitres par mesure de précaution, et en publie anonymement une version écourtée.[14] Afin de les publier sous son nom sans courir de risque, il imagine une stratégie pour convaincre l'Église et éviter la persécution. Il inclut à son nouveau livre une « preuve de Dieu » étayée pour proclamer publiquement sa foi. En outre, il dédie ses *Méditations métaphysiques* dans sa préface

[...] À Messieurs les doyens et docteurs [...] de la Sacrée Faculté de Théologie de Paris.[15]

En dédiant son texte aux théologiens de l'université et en le soumettant à leur jugement, il espère ne pas être suspecté d'hérésie et continuer à être admis en tant que philosophe. Dès la première page de son ouvrage, Descartes assure croire fermement à la révélation divine. Il assure que sa preuve rationnelle de l'existence de Dieu, selon laquelle Dieu doit exister d'un point de vue purement logique, n'est pas nécessaire en raison de sa propre foi profonde. La preuve rationnelle de l'existence de Dieu ne serait nécessaire que si l'on souhaite convertir les incroyants.

> [...] car bien qu'il nous suffise, à nous autres qui sommes fidèles, de croire par la foi qu'il y a un Dieu, et que l'âme humaine ne meurt point avec le corps ; certainement il ne semble pas possible de pouvoir jamais persuader aux infidèles aucune religion [...], si premièrement on ne leur prouve ces deux choses par raison naturelle.[16]

Du point de vue actuel, sa preuve de l'existence de Dieu est une démarche intéressante. Descartes réunit les précédentes preuves de l'existence de Dieu les plus solides et les arguments les plus convaincants d'Aristote et du moine du haut Moyen Âge Anselme de Cantorbéry pour prouver que l'existence de Dieu est logique. Pourtant, au final, Descartes échoue, et ce à deux égards. D'une part, il ne parvient pas à prouver l'existence de Dieu de manière logique et infaillible. D'autre part, il ne parvient pas à convaincre les théologiens que sa philosophie est vraiment pieuse. Les théologiens sont d'avis qu'il n'aurait pas dû commencer par mettre en doute l'existence de Dieu pour la ranimer ensuite avec force arguments. À plusieurs reprises, Descartes se voit contraint de se justifier, bien qu'il ait déjà émigré en Hollande, terre libérale et calviniste. Quelques années après sa mort, ses écrits sont interdits par le pape et par les autorités de censure de l'État. Le roi de France interdira finalement la vente et la lecture de ses ouvrages.

Néanmoins, la censure ne pourra empêcher que son aspiration à une connaissance scientifiquement rationnelle se propage dans le monde entier telle une traînée de poudre. La philosophie de Descartes n'a jamais eu qu'un seul objectif :

[...] une vraie et certaine science.[17]

En poursuivant cet objectif, il découvre que sa propre réflexion, son « je », joue un rôle déterminant. Je suis celui qui pense, je suis celui qui, par sa réflexion, comprend et ordonne le monde. C'est à partir de cette découverte que toute la philosophie devient auto-réflexive. Elle ne se demande plus à quoi ressemble le monde qu'elle veut connaître, elle se demande aussi ce qu'elle est en tant que questionneur et sujet percevant. Les questions que nous nous posons sur la vérité sont-elles d'ailleurs ciblées et correctement posées ? Notre manière de nous interroger et de rechercher la vérité nous mène-t-elle à la connaissance certaine ?

Depuis Descartes, l'humanité est à la recherche de méthodes exactes d'acquisition du savoir. Pour cela, notre propre démarche subjective doit être examinée de manière critique, et révélée. Une nouvelle science voit le jour : l'épistémologie. Que l'on trouve, comme Descartes et les rationalistes qui lui ont succédé, la science exacte dans la raison et les règles logiques, ou comme les empiristes, dans la perception des choses par les sens – à l'aide d'expériences par exemple –, au final, tous les scientifiques doivent révéler comment ils ont acquis leurs connaissances.

Cependant, l'idée centrale de Descartes n'aboutit pas uniquement à la conclusion que l'homme se perçoit lui-même comme un être pensant et qu'il doit par conséquent rechercher la vérité méthodiquement.

Elle mène également à l'hypothèse que la pensée humaine se distingue substantiellement de tous les autres phénomènes du monde :

> J'y montre que l'âme de l'homme est réellement distincte du corps [...].[18]

Descartes distingue ce qu'il appelle deux « substances », la substance pensante d'un côté et la substance corporelle de l'autre, ou pour reprendre le texte original en latin, la « *res cogitans* » et la « *res extensa* ». Selon lui, la matière, les plantes, les animaux et même notre propre corps font partie de la substance corporelle, la « *res extensa* ». La pensée, notre « *res cogitans* », peut nous aider à comprendre et à maîtriser un monde corporel ou un monde extérieur qui nous est étranger dans un premier temps. Tout ce dont nous avons besoin, c'est d'utiliser correctement la raison pensante :

> Car elles m'ont fait voir qu'il est possible de parvenir à des connaissances qui soient fort utiles à la vie [...] et ainsi nous rendre comme maîtres et possesseurs de la nature.[19]

Devenue connue sous le nom de « dualisme cartésien », cette division du monde entre pensée et monde extérieur matériel marque aujourd'hui encore la conscience européenne. Le sujet pensant, l'homme, en tant qu'Homo sapiens, explore et assujettit l'objet qui lui fait face, la Nature, et se sert d'elle. Or, comme toutes les grandes découvertes, cette division entre sujet et objet, entre esprit et matière, animé ou inanimé, a eu de vastes conséquences – certaines bénéfiques, certaines néfastes.

La pensée est-elle vraiment ce qui nous caractérise par-dessus tout ? Et n'existe-t-il rien d'autre au monde que la pensée en nous et les corps dépourvus d'âme à l'extérieur de nous ? Les animaux appartiennent-ils, comme le pense Descartes, à la « *res extensa* », doit-on donc les traiter comme des choses ? Est-ce le rôle de la science de reconnaître et d'assujettir la matière, les plantes, les animaux et le corps humain ? Quels avantages et quels inconvénients cela entraîne-t-il ? Et surtout : que considère-t-on aujourd'hui comme « vraie connaissance » ?

Descartes est plus qu'un simple précurseur de la science moderne. À certains égards, sa pensée va devenir notre destin, en positif comme en négatif.

La pensée centrale de Descartes

Le doute de Descartes sur la perception : Ce que nous voyons, entendons ou sentons est-il vrai ?

Descartes commence son célèbre ouvrage des *Méditations métaphysiques* par une approche tout à fait normale du quotidien. Chacun de nous, selon Descartes, tient pour vrai ce qu'il voit, entend, sent, touche ou goûte tout au long de la journée. Bref, en tant qu'être humain, je me fie d'abord à mes cinq sens :

Tout ce que j'ai reçu jusqu'à présent pour le plus vrai et assuré, je l'ai appris des sens, ou par les sens.[20]

La pensée centrale de Decartes

Or, c'est précisément ce dont nous devons douter en premier lieu, car ce que nous voyons se révèle souvent être une illusion ou un leurre. Exemple : si nous plongeons la moitié d'un bâton dans de l'eau, il aura l'air d'être plié en son milieu. En réalité, il ne s'agit que d'un effet d'optique produit par la réfraction de la lumière dans l'eau. Et lorsque nous voyons le clocher d'une église briller de mille reflets d'or dans la chaleur du midi, cela ne signifie pas pour autant qu'il est en or. Au crépuscule, il aura peut-être des teintes rouges, dans la journée, il paraîtra gris, ce qui dans les trois cas ne nous renseignera pas sur sa véritable couleur. Pour nous démontrer son doute quant à la recherche de la vérité par nos cinq sens, Descartes prend l'exemple de la cire d'abeille. On pourrait penser au premier abord que la cire est très facile à percevoir par les sens. En effet, on peut la sentir, la voir, la toucher et même l'entendre :

> Prenons pour exemple ce morceau de cire [...] ; sa couleur, sa figure, sa grandeur, sont apparentes ; il est dur, il est froid, on le touche, et si vous le frappez, il rendra

> quelque son. Enfin toutes les choses qui peuvent distinctement faire connaître un corps, se rencontrent en celui-ci. Mais voici que, cependant que je parle, on l'approche du feu :

> ce qui y restait de saveur s'exhale, l'odeur s'évanouit, sa couleur se change, sa figure se perd, sa grandeur augmente, il devient liquide, il s'échauffe, à peine le peut-on toucher [...].[21]

Mais soudain, toutes les propriétés de la cire que nous avions cru avoir perçues de façon certaine avec nos sens sont modifiées. Nous ne pouvons pas non plus nous fier à nos sens pour déterminer la taille du soleil, pense Descartes. Lorsque nous le voyons se coucher à l'horizon sur la mer, il semble être une boule relativement petite. Même lorsque nous vérifions cette perception à d'autres moments de la journée, que nous le voyons se lever le matin ou haut dans le ciel à midi, il reste petit comparé à la taille des montagnes, des paysages et à l'étendue de notre propre planète. L'observation répétée du soleil le matin, à midi, et le soir pourrait donc aussi nous tromper :

> Comme, par exemple je trouve dans mon esprit deux idées du soleil toutes diverses : L'une […] tire son origine des sens, […] par laquelle il me paraît extrêmement petit. L'autre est prise des raisons de l'astronomie, […] par laquelle il me paraît plusieurs fois plus grand que toute la terre […].[22]

Concernant la perception par nos cinq sens, Descartes conclut :

> Or j'ai quelquefois éprouvé que ces sens étaient trompeurs, et il est de la prudence de ne se fier jamais entièrement à ceux qui nous ont une fois trompés.[23]

Mais, se demande Descartes en poursuivant sa méditation, ce ne sont peut-être que les objets très éloignés que je ne peux pas reconnaître de manière nette et distincte ? Que se passe-t-il si je dirige mes cinq sens non plus sur le soleil, mais sur quelque chose de très proche ? Par exemple, quand je vois et ressens mon propre corps, ce ne peut tout de même pas être une illusion :

> Mais, encore que les sens nous trompent quelquefois, touchant les choses peu sensibles et fort éloignées, il s'en rencontre peut-être beaucoup d'autres, desquelles on ne peut pas raisonnablement douter, […] par exemple, que je sois ici, assis auprès du feu, vêtu d'une robe de chambre, ayant ce papier entre les mains, et autres choses de cette nature. Et comment est-ce que je pourrais nier que ces mains et ce corps-ci soient à moi ?[24]

Le doute de Descartes semble prendre fin ici. Lorsque comme lui je suis assis devant la cheminée, que j'observe mon propre corps de près et que je tiens dans mes mains une feuille de papier que je peux déplacer et sentir, ne dois-je pas cesser de douter de cette réalité ?

Non ! – dit Descartes, si nous voulons aller au bout des choses, nous devons douter aussi de cette réalité-là. Car même si nous déplaçons et sentons le papier dans nos mains, cette sensation peut encore être irréelle. Il se peut que nous soyons en train de dormir et que tout ceci ne soit qu'un rêve.

Le doute de Descartes sur la conscience éveillée : Ce que nous vivons est-il bien réel ou n'est-ce qu'un rêve ?

Dans nos rêves aussi, nous faisons des expériences qui nous semblent bien réelles. Nous voyons, sentons, entendons, ressentons et vivons des choses qui se révèlent ensuite n'être que le fruit de notre imagination. Comment, se demande Descartes, vérifier si nous sommes éveillés ou si nous ne faisons que rêver ? Dans une sorte d'expérience qu'il effectue sur lui-même, Descartes remue sa tête plusieurs fois de droite à gauche pour s'assurer qu'il est bien éveillé. Il la jette d'un côté à l'autre pour sentir qu'il est vraiment éveillé.

[…] cette tête que je remue n'est point assoupie […]. Ce qui arrive dans le sommeil ne semble point si clair..[25]

Mais il doit bientôt avouer que cette tentative est vaine elle aussi. Il se pourrait qu'il n'ait fait que rêver les mouvements de sa tête.

Combien de fois m'est-il arrivé de songer, la nuit, que j'étais en ce lieu, que j'étais habillé, que j'étais auprès du feu, quoique je fusse tout nu dedans mon lit ?[26]

Même s'il se pinçait lui-même le bras et ressentait une douleur, il n'aurait toujours pas la certitude d'être éveillé. Il est vrai que certains rêves nous donnent souvent l'illusion de la réalité tant ils sont riches de détails, de couleurs, d'atmosphères et même de sensations de douleur. C'est pourquoi nous sommes si soulagés lorsque nous nous réveillons d'un cauchemar, ou déçus lorsqu'un rêve agréable prend fin. Certaines personnes rêvent même qu'elles parviennent à léviter quelques centimètres au-dessus de leur lit. Elles se réveillent, se souviennent de leur rêve et testent cette nouvelle aptitude en état d'éveil. Lorsque cela fonctionne, elles sont ravies de pouvoir vraiment léviter, jusqu'à ce qu'elles se réveillent et réalisent que ce n'était qu'un rêve. Et Descartes de conclure :

Et m'arrêtant sur cette pensée, je vois si manifestement qu'il n'y a point d'indices concluants, ni de marques assez certaines par où l'on puisse distinguer nettement la veille d'avec le sommeil [...].[27]

Nous ne pouvons donc jamais être totalement sûrs d'être éveillés ou de rêver. Plongé dans ses réflexions sur le rêve et la réalité, Descartes est toujours assis en robe de chambre devant sa cheminée. Autocritique, il se demande si, lorsque nous rêvons, nous ne voyons dans notre œil intérieur que des choses erronées, ou si le rêve ne renferme pas quelque chose de vrai.

> Supposons donc maintenant que nous sommes endormis et que toutes ces particularités-ci, à savoir, que nous ouvrons les yeux, que nous remuons la tête, que nous étendons les mains, […] ne sont que de fausses illusions, il faut au moins avouer que les choses qui nous sont représentées dans le sommeil, sont comme des tableaux et des peintures, qui ne peuvent être formées qu'à la ressemblance de quelque chose de réel et de véritable […].[28]

Même dans nos rêves les plus imaginatifs, selon Descartes, nous ne faisons finalement que combiner des images, des corps, des couleurs et des odeurs qui existent dans la réalité. Même lorsque nous rêvons d'un cheval ailé qui n'existe pas en réalité, ce rêve contient tout de même deux éléments réels, le cheval d'une part et les ailes d'autre part. En fin de compte, les rêves des hommes sont toujours tirés de la réalité. D'après Descartes, ceci est comparable au travail des artistes qui, même s'ils sont doués d'imagination, s'inspirent toujours de la réalité :

> Car de vrai les peintres, lors même qu'ils s'étudient avec le plus d'artifice à représenter des sirènes et des satyres par des formes bizarres et extraordinaires, ne leur peuvent pas toutefois attribuer des formes et des natures entièrement nouvelles, mais font seulement un certain mélange et composition des membres de divers animaux.[29]

Quelle que soit la part d'imaginaire et d'innovation dans nos rêves, nous ne pourrons jamais rêver en faisant abstraction des corps, des formes, des couleurs et des matières. Cependant, leur composition est et reste toujours trompeuse, selon Descartes. C'est pourquoi il faut finalement douter de toutes les sciences qui consistent en des faits composés ainsi que des connaissances sur les corps et les matières, telles que la physique. Car leurs résultats pourraient reposer sur des combinaisons erronées faites dans un état de rêverie ou, comme on l'a montré plus haut, sur des illusions produites par nos sens. Mais qu'en est-il des mathématiques qui par principe ne nécessitent ni couleurs, ni matières, ni corps, et qui par nature ne peuvent pas se tromper ? Par exemple, si je rêve que 2 + 3 = 5 ou qu'un carré a quatre côtés, n'est-il pas totalement égal que je sois en train de rêver ou pas ?

Car, soit que je veille ou que je dorme, deux et trois joints ensemble formeront toujours le nombre de cinq, et le carré n'aura jamais plus de quatre côtés [...].[30]

Pendant un bref instant, il semble que Descartes ait trouvé dans les mathématiques une certitude absolue. Car l'arithmétique et la géométrie produisent un savoir qui se nourrit purement de logique et qui par principe ne nécessite plus de perceptions trompeuses ou déformées par le rêve. Contrairement à la physique, il doit s'agir dans ces deux sciences d'un savoir inaltéré :

La pensée centrale de Decartes

> C'est pourquoi peut-être que de là nous ne conclurons pas mal, si nous disons que la physique, l'astronomie, la médecine, et toutes les autres sciences qui dépendent de la considération des choses composées sont fort douteuses et incertaines ; mais que l'arithmétique, la géométrie, et les autres sciences [...], qui ne traitent que de choses fort simples et fort générales, sans se mettre beaucoup en peine si elles sont dans la nature, ou si elles n'y sont pas, contiennent quelque chose de certain et d'indubitable.[31]

Le doute de Descartes sur la logique : Sommes-nous victimes d'un « malin génie » ?

Pourtant, Descartes ne se satisfait pas de cette certitude des vérités mathématiques. Car, alors qu'il est toujours assis devant sa cheminée, il lui vient un terrible soupçon : peut-être nos axiomes mathématiques eux-mêmes, c'est-à-dire nos hypothèses fondamentales et toutes nos conclusions logiques, ne sont-ils qu'une seule et même grande erreur. Peut-être, pense Descartes en poursuivant sa méditation, sommes-nous prisonniers depuis notre naissance d'un monde irréel ou, pour l'exprimer de manière moderne, d'une sorte de matrice qui nous fait penser et compter de manière erronée :

N'y a-t-il point quelque Dieu, ou quelque autre puissance, qui me met en l'esprit ces pensées ?[32]

En tant que sceptiques, nous devrions au moins tenir compte de cette possibilité. En effet, si une sorte d'être supérieur devait nous avoir joué un tour, il nous faudrait également douter de la validité de nos mathématiques :

> Je supposerai donc qu'il y a [...] un certain mauvais génie, non moins rusé et trompeur que puissant qui a employé toute son industrie à me tromper [...].[33]

Descartes nous recommande d'explorer ce doute méthodique et de jouer avec l'idée qu'il existe peut-être un « genius malignus », un « malin génie » qui nous trompe dans toutes les circonstances de l'existence, qui nous berce d'illusions et trompe notre logique :

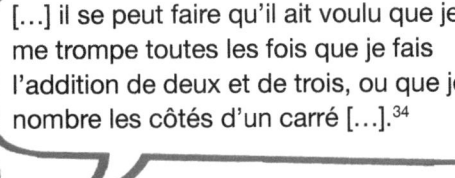

> [...] il se peut faire qu'il ait voulu que je me trompe toutes les fois que je fais l'addition de deux et de trois, ou que je nombre les côtés d'un carré [...].[34]

Bien entendu, pour Descartes, il va de soi qu'un Dieu tout puissant, dans son immense bonté, ne tolérerait pas l'action d'un « malin génie » et qu'on peut par ailleurs supposer que lui-même, en tant que démiurge et créateur, n'est pas un mauvais esprit et qu'il n'a donc aucun intérêt à nous tromper. Cependant, en réalité, le monde n'est pas exempt de grandes erreurs. Dieu, s'il existe, a en effet bien permis que les hommes qu'il a créés se trompent fréquemment. Ne serait-ce que pour cette raison, nous devons alors, selon Descartes, considérer qu'il existe un « malin génie ». Ceci peut, selon Descartes, paraître trop zélé, mais :

[…] je suis assuré […] que je ne saurais aujourd'hui trop accorder à ma défiance, puisqu'il n'est pas maintenant question d'agir, mais seulement de méditer et de connaître.35[35]

Si nous envisageons maintenant l'hypothèse d'un mauvais esprit, nous ne devons pas douter seulement des mathématiques, mais en principe de tout ce que nous trouvons dans le monde extérieur et de tout ce que nous n'avons pas déjà démasqué comme illusion des sens ou rêverie. Tout, absolument tout, pourrait être une matrice trompeuse. Dans notre quête d'une ultime certitude indubitable, nous devons donc abandonner radicalement toutes nos certitudes et les jeter par-dessus bord. C'est exactement ce point de vue sans compromis qu'adopte Descartes :

Je penserai que le ciel, l'air, la terre, les couleurs, les figures, les sons et toutes les choses extérieures que nous voyons, ne sont que des illusions et tromperies […].[36]

Et nous devons considérer comme possible tromperie non seulement les choses du monde extérieur, mais également notre propre corps dont il s'agit maintenant de s'affranchir :

> Je me considérerai moi-même comme n'ayant point de mains, point d'yeux, point de chair, point de sang, comme n'ayant aucun sens, mais croyant faussement avoir toutes ces choses.[37]

C'est dans cet état presque déshumanisé, en proie au doute, que Descartes achève, totalement épuisé, sa méditation et qu'il va se coucher. Le lendemain matin, il fait la découverte qui marquera son époque.

La pensée centrale de Decartes

La seule vérité certaine :
« Je pense donc je suis »

La méditation suivante, la « Seconde Méditation » de Descartes, constitue le passage clé de ses réflexions au cours de cette semaine de retraite. Il s'agit peut-être du chapitre le plus souvent lu et le plus souvent cité d'un livre philosophique. Et il commence par un aveu :

> La méditation que je fis hier m'a rempli l'esprit de tant de doutes, qu'il n'est plus désormais en ma puissance de les oublier. Et cependant je ne vois pas de quelle façon je les pourrai résoudre ; et comme si tout à coup j'étais tombé dans une eau très profonde [...].38

Dans cet état de trouble, Descartes passe encore une fois en revue tous ses doutes passés et les laisse faire leur effet. Il se rappelle qu'il ne doit plus en aucun cas se fier aux perceptions de ses yeux, de son nez, de ses oreilles, ni de son odorat ou de son goût puisqu'elles se sont révélées trompeuses. Il se rappelle qu'il ne peut jamais savoir avec exactitude s'il est éveillé ou s'il rêve. Et troisièmement, il admet que même ses connaissances logiques en arithmétique et en géométrie pourraient se révéler fondamentalement fausses si un « malin génie » lui avait inspiré une matrice constituée de possibilités de calcul et d'axiomes erronés.

> Je suppose donc que toutes les choses que je vois sont fausses ; [...] ; je pense n'avoir aucun sens ; je crois que le corps, la figure, l'étendue, le mouvement et le lieu ne sont que des fictions de mon esprit. Qu'est-ce donc qui pourra être estimé véritable ?[39]

Descartes voit s'étendre devant lui un champ de ruine. Il a fait table rase de tout ce qui le rassurait auparavant : la certitude de la perception de ses yeux, de ses oreilles et de son nez, sa distinction du rêve et de la réalité, sa confiance dans les certitudes mathématiques, et même la perception de son propre corps. Probablement, pense-t-il un instant, la certitude absolue qu'il recherche depuis si longtemps n'existe-t-elle pas. C'est pourtant dans cette situation délicate qu'il examine une dernière fois avec son œil intérieur le résultat de son doute. Il se demande si, en fin de compte, quelque chose ne va pas ressurgir des ruines de ces certitudes qu'il a remises en question. Et il trouve. Soudain, c'est la révélation. La seule chose qui reste, c'est le « je », celui-là même qui dès le départ a instillé le doute. Même si tout ce que je vois se révèle être une tromperie des sens ou un rêve, même s'il s'avère que le monde entier autour de moi est une matrice trompeuse créée par un « Dieu malin », c'est bien moi, ce « je » qui reste et qui doute de ses perceptions sensorielles, de la matrice, et qui y réfléchit – que le « malin génie » existe ou non.

[...] et qu'il me trompe tant qu'il voudra il ne saurait jamais faire que je ne sois rien, tant que je penserai être quelque chose.[40]

Le doute est une forme de pensée. Et lorsque je doute, donc que je réfléchis à quelque chose de manière critique, peu importe que je le fasse en état de veille ou de rêve. Car pour douter, il faut bien que j'existe :

> De sorte qu'après y avoir bien pensé, et avoir soigneusement examiné toutes choses, enfin il faut conclure, et tenir pour constant que cette proposition : Je suis, j'existe, est nécessairement vraie, toutes les fois que je la prononce, ou que je la conçois en mon esprit.[41]

Un être pensant peut se tromper de multiples manières, mais pour penser et se tromper, il faut qu'il existe. Par conséquent :

> Je pense donc je suis.[42]

Conclusion : lorsque je doute de quelque chose, en rêve ou en état de veille, mon doute est en tous les cas une forme particulière de pensée. La pensée à son tour est l'expression irréfutable de mon existence. Pour penser, il faut logiquement que je sois là. C'est pourquoi la phrase « Je pense donc je suis » est d'une certitude indubitable. Tout être pensant sait qu'il existe au moment où il pense :

> [...] et remarquant que cette vérité : Je pense, donc je suis, était si ferme et si assurée, que toutes les plus extravagantes suppositions des sceptiques n'étaient pas capables de l'ébranler.[43]

Ainsi, Descartes a enfin trouvé un point d'Archimède à partir duquel il veut désormais découvrir, explorer et maîtriser tout le reste du monde :

> [...] je jugeai que je pouvais la recevoir sans scrupule pour le premier principe de la philosophie que je cherchais.[44]

C'est en se basant sur ce premier principe selon lequel l'homme se perçoit pensant dans son existence que Descartes commence à développer toute sa philosophie. Pourtant, il ne s'agit pas d'affirmer que le doute, en trouvant la « certitude de sa propre existence », a atteint son but, voire qu'il a disparu – au contraire : dans son livre *Discours de la méthode pour bien conduire sa raison, et chercher la vérité dans les sciences,* Descartes élabore les quatre célèbres principes du « doute méthodique » qui constitueront à l'avenir le seul et unique fondement de la science.[45]

Notre raison ne nous conduit à des connaissances certaines que lorsque nous observons les quatre préceptes suivants : premièrement, nous ne pouvons affirmer qu'une chose est vraie que lorsqu'on peut l'assimiler clairement et distinctement. Deuxièmement, pour assimiler une chose clairement et distinctement, nous devons d'abord décomposer chaque fait en ses différents éléments. Troisièmement, nous devrions, en partant du concret, identifier les différents éléments individuellement, puis dans leur contexte d'action commun. Quatrièmement, il faut enfin dresser une liste et vérifier que l'on a bien dénombré tous les éléments et les contextes du problème dans leur intégralité et sans commettre d'erreur :

> Le *premier* était de ne recevoir jamais aucune chose pour vraie que je ne la connusse évidemment être telle [...]. Le second, de diviser chacune des difficultés que j'examinerais, en autant de parcelles qu'il se pourrait, et qu'il serait requis pour les mieux résoudre. Le troisième, de conduire par ordre mes pensées, en commençant par les objets les plus simples et les plus aisés à connaître, pour monter peu à peu comme par degrés jusqu'à la connaissance des plus composés [...]. Et le dernier, de faire partout des dénombrements si entiers et des revues si générales, que je fusse assuré de ne rien omettre.[46]

Ce n'est qu'en appliquant ces quatre préceptes du doute méthodique que nous acquérons des connaissances scientifiques. Prenons l'exemple du réchauffement climatique : pour juger si ce phénomène est d'origine humaine ou d'origine naturelle, il faudrait tout d'abord selon Descartes décomposer la question en autant de faits que possible, puis examiner leurs mécanismes séparément et en interaction, en veillant à être exhaustif. Dans le cas du réchauffement climatique, il faudrait donc étudier et comparer en détail aussi bien la cause du réchauffement de la terre par différents gaz que son origine par des processus naturels ou par la main de l'homme. Pour « admettre le fait pour vrai », il faudrait selon Descartes pouvoir démontrer que les quatre gaz différents que sont le dioxyde de carbone (CO_2), le méthane, le protoxyde d'azote et les gaz fluorés ferment hermétiquement l'atmosphère chacun séparément ou ensemble et, comme le toit d'une verrière en été, laissent entrer la chaleur du soleil mais ne la laissent plus sortir, ceci produisant un effet de serre. Deuxièmement, il faudrait décomposer la formation des gaz en faits individuels. L'examen pourrait alors révéler que si la nature produit elle-même ces gaz dans une certaine mesure, par exemple lors d'éruptions volcaniques, la quantité de ces gaz à effet de serre d'origine naturelle est massivement augmentée par l'utilisation de combustibles fossiles, la déforestation et l'élevage d'origine humaine. Une fois ce rapport vérifié et assuré, il faudrait encore, selon Descartes, faire un dernier inventaire et s'assurer que l'on a bien tenu compte de tous les facteurs éventuels.

Avec son doute méthodique, Descartes voulait explorer le monde avec soin et sérieux et faire progresser toutes les sciences. Ayant déjà remporté de premiers succès en tant que mathématicien et physicien, il regrettait d'autant plus que sa durée de vie limitée ne lui permette pas d'appliquer sa nouvelle méthode à tous les domaines de la science.

> Mais, afin de conduire ce dessein jusqu'à sa fin, je devrais ci-après expliquer en même façon la nature de chacun des [...] corps plus particuliers qui sont sur la terre, à savoir des minéraux, des plantes, des animaux et principalement de l'homme [...].[47]

L'aspiration de Descartes à ne considérer à l'avenir comme « vrai » que ce qui peut résister à un doute méthodique conduit à un deuxième problème de taille. Qu'en est-il de l'existence de Dieu ? Ne doit-on pas aussi douter de lui ? Souhaitant rester fidèle à la primauté de la pensée, Descartes entreprend alors l'expérience audacieuse de prouver l'existence de Dieu à l'aide de sa nouvelle méthode.

Si seule la pensée procure la certitude, l'existence de Dieu doit se penser logiquement

Descartes applique son précepte scientifique selon lequel chaque fait doit d'abord être décomposé en ses différents éléments pour prouver également l'existence de Dieu. Il décompose donc logiquement la représentation que nous avons de Dieu en différentes « parties ». Depuis toujours en effet, Dieu est associé à toute une série d'attributs. Il est censé être :

[…] infini, immuable, tout connaissant, tout puissant, et Créateur universel de toutes les choses qui sont hors de lui […].[48]

Mais, selon Descartes, ceci n'est d'abord qu'une représentation, une pure idée dans notre esprit, qui ne nous apprend encore rien sur la véritable existence de Dieu.

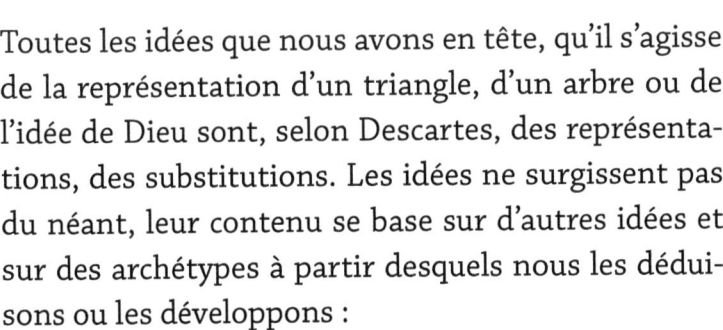

Il est certain que je ne trouve pas moins en moi son idée, c'est-à-dire l'idée d'un être souverainement parfait, que celle de quelque figure ou de quelque nombre que ce soit.[49]

Toutes les idées que nous avons en tête, qu'il s'agisse de la représentation d'un triangle, d'un arbre ou de l'idée de Dieu sont, selon Descartes, des représentations, des substitutions. Les idées ne surgissent pas du néant, leur contenu se base sur d'autres idées et sur des archétypes à partir desquels nous les déduisons ou les développons :

> De plus, lorsque nous faisons réflexion sur les diverses idées qui sont en nous, il est aisé d'apercevoir [...] que leur cause doit être d'autant plus parfaite que ce qu'elles représentent de leur objet a plus de perfection.[50]

Chaque idée a donc une cause et cette cause doit être plus parfaite que l'idée même. Ici, Descartes fait référence à la théorie des Formes de Platon. Lorsque nous regardons un disque rond, une assiette en grès ronde ou une pièce de monnaie en argent ronde, nous pouvons partir du principe que les fabricants ont voulu réaliser du mieux possible l'idée de la rondeur dans ces trois objets. Pour cela, ils ont recours à l'archétype, à l'idée originelle du cercle. Dans cette représentation pure et parfaite du cercle, tous les points de la courbe sont à égale distance du centre. Or, même si le potier et le forgeron essaient de réaliser cette idée pure du mieux qu'ils peuvent, les pièces de monnaie, les assiettes et les disques divergeront plus ou moins de cette représentation en de nombreux endroits. Ils ne sont, comme le dirait Platon, que des images imparfaites d'un archétype parfait. En fin de compte, ce sont ces archétypes que, selon Platon, nous avons en mémoire depuis notre naissance qui nous permettent d'identifier toujours comme « arbre » des phénomènes aussi différents qu'un bouleau, un chêne, un hêtre ou un peuplier – précisément grâce à l'idée commune de l'arbre comme structure avec des racines, un tronc, des branches et des feuilles. Et Platon va encore plus loin : c'est l'existence de l'idée originelle de l'« arbre » qui rend possible l'existence de différents arbres concrets. L'idée originelle de l'« arbre » a sa propre réalité et elle est la cause de tous les phénomènes 'arbre'.

Bien que Descartes ne voie pas de réalité propre dans les archétypes, ils sont pour lui aussi, en tant que causes des phénomènes, plus parfaits que leurs représentations. Descartes reprend la théorie de Platon selon laquelle les phénomènes, les représentations et les idées dans notre esprit ont en principe une cause plus profonde. Si je construis une table, une maison ou une machine par exemple, l'idée ne surgit pas du néant :

> Car tout ainsi que lorsqu'on nous dit que quelqu'un a l'idée d'une machine où il y a beaucoup d'artifice, nous avons raison de nous enquérir comment il a pu avoir cette idée : à savoir, s'il a vu quelque part une telle machine faite par un autre, ou s'il a si bien appris la science des mécaniques, ou s'il est avantagé d'une telle vivacité d'esprit que de lui-même il ait pu l'inventer sans avoir rien vu de semblable ailleurs [...].[51]

Quelle que soit la réponse du constructeur à la question de savoir quelle cause lui a finalement donné l'idée de construire sa machine, une chose est sûre :

> [...] tout l'artifice qui est représenté dans l'idée qu'a cet homme ainsi que dans un tableau, doit être en sa première et principale cause [...].[52]

Tout comme l'idée de construire une machine, toute idée que nous avons en tête a une cause plus profonde. Nous pouvons nous interroger à chaque fois sur la cause de ces représentations et de ces idées. C'est ce que nous devrions commencer par faire avec la représentation que nous nous faisons de Dieu :

De même, parce que nous trouvons en nous l'idée d'un Dieu, ou d'un être tout parfait, nous pouvons rechercher la cause qui fait que cette idée est en nous [...].[53]

Or, pense Descartes, si nous nous efforçons de réfléchir à la question de savoir quel archétype encore plus parfait pourrait être la cause de l'émergence de notre idée d'un être parfait et tout puissant, nous ne trouverons, malgré tous nos efforts, rien. Car l'idée de la perfection ne peut pas être transcendée. Peut-être, pourrait-on penser, avons-nous imaginé cette idée spontanément, sur un coup de tête. Mais cela aussi, selon Descartes, est tout à fait impossible, puisque nous ne sommes que des hommes, et qu'en tant que tels, nous ne sommes ni infinis, ni tout puissants ni tout connaissants, mais au contraire mortels et entachés de nombreux défauts. Il est donc impossible que nous ayons imaginé nous-mêmes l'idée de Dieu, car alors, une chose aussi imparfaite que l'homme serait la cause d'une chose aussi parfaite que Dieu, ce qui par principe ne peut être le cas :

[...] parce qu'il est évident que ce qui connaît quelque chose de plus parfait que soi ne s'est point donné l'être [...].[54]

L'idée de Dieu comme infini, immortel, tout puissant et tout connaissant doit donc venir d'ailleurs :

[...] comme [...] nous ne possédons pas ces extrêmes perfections dont nous avons l'idée, nous devons conclure

La pensée centrale de Decartes

> qu'elles sont en quelque nature qui est différente de la nôtre, et en effet très parfaite, c'est-à-dire qui est Dieu [...].[55]

Seul Dieu lui-même peut finalement être la cause de l'idée que nous avons de lui en nous. Car seul un être d'une absolue perfection est capable de planter en nous l'idée de la perfection qui en découle. C'est pourquoi, selon Descartes, Dieu doit exister.

Pour prouver l'existence de Dieu, il va toutefois apporter un argument supplémentaire qui remonte à Aristote. Si, en tant que savants et logiciens raisonnables, nous partons du principe que tout dans l'univers obéit à certaines lois et que tout est lié par un rapport de cause à effet, il faut par conséquent se demander ce qui a été la toute première cause. Qu'est-ce qui, dans la chaîne infiniment longue des causes et des effets, a constitué le commencement ? Il faudrait qu'il s'agisse d'une cause du type de celle qui n'a elle-même plus besoin de cause, ou pour le formuler autrement : qui a donné la première impulsion dans l'univers ? Qui en a été le moteur immuable ? Sachant que toute la matière et tous les êtres vivants dotés d'un corps sont soumis aux lois physiques du mouvement et peuvent être mus, le moteur immuable doit être immatériel et ne peut donc « pas être de ce monde ».

> Pour ce qui est de la première, il me semble qu'il est évident qu'il n'y en a point d'autre que Dieu qui de sa toute-puissance a créé la matière avec le mouvement [...].[56]

Conclusion : une cause, selon Descartes, ne peut jamais être moins parfaite que son effet. Or, notre représentation de Dieu étant bien plus parfaite que nous-mêmes, elle ne peut émaner de nous, elle doit donc être entrée en nous de l'extérieur. Le fait que nous portions l'idée de Dieu en nous nous amène finalement à la conclusion logique qu'elle nous a été insufflée par une instance supérieure parfaite, précisément par Dieu lui-même. Ce qui prouve son existence. C'est bien la perfection incomparablement supérieure de Dieu qui en fait la cause de l'homme, et non pas l'inverse. Il est donc impossible de ne pas envisager l'existence autonome de Dieu en dehors de notre conscience.

Descartes se réfère dans cette déduction de l'existence de Dieu à la preuve ontologique d'Anselme de Cantorbéry. La logique veut que l'existence de Dieu se déduise de sa perfection : Dieu étant parfait, il doit donc vraiment exister, sinon il ne serait pas parfait. Et Descartes de conclure par un exemple : je peux certes imaginer un cheval avec des ailes, alors qu'il n'existe pas en réalité, mais il m'est impossible d'imaginer un être parfait qui n'est pas parfait :

> Car il n'est pas en ma liberté de concevoir un Dieu sans existence (c'est-à-dire un être souverainement parfait sans une souveraine perfection), comme il m'est libre d'imaginer un cheval sans ailes ou avec des ailes.[57]

Pourtant cette preuve de l'existence de Dieu revient à un argument circulaire, en ce sens que Descartes présuppose déjà ce qu'il entend prouver, à savoir l'existence réelle d'un être parfait, en partant du principe que l'idée de la perfection de Dieu que nous avons en tête est déjà une réalité absolue. En effet, si l'on considère la simple idée de la perfection de Dieu comme réelle, absolue et irréfutable et que l'on admet que l'être parfait ne peut pas émaner d'un être aussi imparfait que l'homme, il est alors facile de déduire comme seule cause possible de l'idée « réelle » du Dieu Créateur sa « réalité », suivant le principe : le parfait existe parce que nous sommes capables de le penser comme parfaitement existant.

Mais ce n'est pas le raisonnement circulaire qui fait échouer Descartes lorsqu'il tente de rétablir la foi en Dieu par sa preuve de l'existence de Dieu, foi qu'il a auparavant ébranlée par son doute méthodique. C'est le point de départ de son argumentation. Car son principe fondamental, selon lequel seule la « pensée » génère une certitude indubitable et que c'est à partir de ce point de vue qu'il faut réfléchir à Dieu, contredit déjà fondamentalement la doctrine de l'Église. Au Concile de Trente (1545-1563), il a été expressément établi que tous les croyants devaient s'en tenir à l'ancienne tradition des interprétations de la Bible et aux témoignages de l'action divine, et que par conséquent, les interprétations innovantes de Luther et des Protestants étaient des mensonges et devaient être rejetés comme tels. Or, d'une manière générale, le rationalisme de Descartes laisse de côté toute forme d'interprétation de la Bible, qu'elle soit catholique ou protestante. Pour lui, elle ne constituait plus une base de vérité, car les différentes révélations bibliques et les miracles de Jésus, quelle que soit la manière dont on les interprète en détail, ne peuvent être reconnus clairement et distinctement par la raison. Sa preuve « rationnelle » de l'existence de Dieu ne pouvait donc pas lui épargner la critique de l'Église.

Mais Descartes avait aussi besoin de la déduction d'un Dieu tout puissant et bienveillant pour poursuivre ses méditations. Car si nous en étions restés à douter de la bienveillance de Dieu et à accepter l'idée d'un « *genius malignus* », il nous aurait fallu continuer à douter de l'existence du monde extérieur. Or, en plus de la certitude que nous avons de notre pensée, nous avons ainsi la certitude qu'il existe un monde extérieur réel.

Le dualisme corps-esprit :
« res cogitans » et « res extensa »

Le résultat de la méditation nous mène donc à deux certitudes : premièrement, à la certitude que je suis un être pensant :

> La pensée est un attribut qui m'appartient : elle seule ne peut être détachée de moi. [...] Je ne suis donc, précisément parlant, qu'une chose qui pense, c'est-à-dire un esprit, un entendement, une raison [...].[58]

Et deuxièmement, à la certitude qu'il existe un monde extérieur à moi :

> Il n'y a donc qu'une même matière en tout l'univers et nous la connaissons par cela seul qu'elle est étendue.[59]

Descartes distingue ces deux sphères en les définissant comme deux substances totalement différentes qui existent indépendamment l'une de l'autre. D'une part, la substance intellectuelle, la « *res cogitans* », et d'autre part la substance matérielle, la « *res extensa* ». En traduisant littéralement du latin, Descartes parle de « chose pensante » et de « chose étendue ». La chose pensante, ce sont nous les hommes, ou plutôt notre esprit, et la chose étendue, ce sont tous les corps dont l'étendue a une certaine longueur, largeur et hauteur, et qui sont par conséquent mesurables. Notre table du petit-déjeuner, l'assiette, la fourchette, le couteau, le pain, mais aussi la tasse de café que nous buvons font par exemple partie de la chose étendue.

Mais Descartes associe aussi à la « *res extensa* » matérielle les systèmes planétaires entiers, les plantes, les animaux et même notre propre corps. Ceci est tout d'abord surprenant, car on se considère bien soi-même comme un être entier qui n'est pas séparé du corps ou qui lui est étranger. Pourtant, pour Descartes, c'est une illusion. En effet, si je porte ma réflexion sur moi-même, je reconnais très rapidement la différence entre mon corps et mon esprit, et je sais qu'ils appartiennent à des mondes très différents :

> […] je remarque ici, premièrement, qu'il y a une grande différence entre l'esprit et le corps, en ce que le corps, de sa nature, est toujours divisible, et que l'esprit est entièrement indivisible.[60]

En l'amputant, je pourrais découper mon corps en plusieurs parties. Après ma mort, il est tout à fait possible que des bactéries et de minuscules êtres vivants s'y attaquent et continuent de le mettre en morceaux et de le décomposer. Et d'un point de vue purement anatomique, je peux diviser mon corps en organes, os, muscles et système cardio-vasculaire, ce qui n'est pas le cas de mon esprit :

> Car en effet, lorsque je considère mon esprit, c'est-à-dire moi-même en tant que je suis seulement

La pensée centrale de Decartes

> une chose qui pense, je n'y puis distinguer aucunes parties, mais je me conçois comme une chose seule et entière.[60]

Mon esprit diffère donc considérablement de mon corps qui par exemple pèse 76 kilogrammes et mesure 178 centimètres,

> [...] en tant qu'il est une chose qui pense, et non étendue en longueur, largeur et profondeur, et qui ne participe à rien de ce qui appartient au corps [...].[61]

Bien entendu, Descartes ne nie pas que nous ayons un corps physique. Ce serait d'ailleurs impossible.

Mais il insiste toujours sur le fait que l'esprit et le corps sont d'une nature fondamentalement différente. Sa dissociation substantielle très nette entre « *res cogitans* » et « *res extensa* » le conduit finalement à une conclusion d'une très grande portée :

> Et quoique peut-être [...] j'aie un corps [...] en tant que je suis seulement une chose qui pense et non étendue, [...] il est certain que ce moi, c'est-à-dire mon âme [...] est entièrement et véritablement distincte de mon corps, et qu'elle peut être ou exister sans lui.[63]

L'esprit peut donc exister sans le corps. Avec sa théorie de l'immortalité de l'esprit ou plutôt de l'immortalité de l'âme, Descartes se place dans la tradition de la philosophie chrétienne et platonique. Il se heurte toutefois à un problème essentiel. Si corps et esprit sont effectivement indépendants l'un de l'autre, comment fonctionne alors leur interaction ? Concrètement : si mon esprit prend la décision d'aller au restaurant, comment faire pour que mes pieds se déplacent dans cette direction ? Descartes se demande

La pensée centrale de Decartes

alors où et comment l'esprit entre en contact avec son corps dans la vie quotidienne. Il finit par trouver une interface dans la glande pinéale qui se trouve directement dans le cerveau. Descartes déduit que lorsque la glande pinéale perçoit une pensée, elle produit et excrète une certaine quantité de liquide qui, via un canal, exerce une pression sur les nerfs des pieds, amenant ces derniers à se mettre en mouvement.

Le processus inverse, à savoir lorsqu'une sensation de chaleur ou de douleur monte des pieds à la tête, fonctionne également de manière hydraulique, comme l'illustre le dessin suivant de Descartes.

Il faut savoir qu'à l'époque de Descartes, beaucoup de nobles tentent de créer de somptueux parcs avec des canaux et des jeux d'eau sur le modèle du château de Versailles. Les ingénieurs sont déjà capables de construire des canaux, des cascades et des fontaines en utilisant la pression des systèmes hydrauliques communicants. Il faut, selon Descartes, se représenter les processus physiques de manière similaire :

> Ainsi, par exemple, lorsque les nerfs qui sont dans le pied sont remués fortement [...] leur mouvement, passant par la moelle de l'épine du dos jusqu'au cerveau, fait une impression à l'esprit qui lui fait sentir quelque chose, à savoir de la douleur, comme étant dans le pied, par laquelle l'esprit est averti et excité à faire son possible pour en chasser la cause [...].[64]

Mais même avec ses descriptions mécanistes, Descartes n'est pas parvenu à expliquer de manière satisfaisante l'interaction du corps et de l'esprit tout en maintenant l'indépendance des deux substances. Ce qu'on a appelé le « dualisme cartésien » est resté un problème philosophique par la suite.

Conclusion : le doute de Descartes le conduit à une toute première certitude, la certitude de sa propre existence en tant qu'être pensant. La pensée, quant à elle, fait apparaître l'existence de Dieu comme logique. Il est donc raisonnable d'admettre que le monde qu'il a créé autour de nous est réel. Sur cette base, Descartes acquiert la certitude de sa pensée, sa « *res cogitans* », qui existe indépendamment de son corps et de tous les autres corps du monde, la « *res extensa* ». La pensée nous rend maintenant capables de dominer le monde étendu matériel.

Néanmoins, nous devons continuer à douter que le monde soit exactement comme il nous apparaît. En tant qu'hommes créés par Dieu, nous sommes des êtres libres et donc capables de nous tromper. Selon Descartes, le doute méthodique doit rester vivant et devenir la base de toute science future.

À quoi nous sert la découverte de Descartes aujourd'hui ?

Une brève histoire de l'épistémologie de Descartes à nos jours

À quoi nous sert la découverte de Descartes aujourd'hui ? Sa célèbre formule « Je pense donc je suis » a-t-elle encore de l'importance pour nous ?

La formule incarne en tout cas la transition radicale entre le Moyen Âge et les temps modernes. L'exigence de Descartes d'une certitude indubitable ultime au-delà de la foi religieuse et de la révélation divine constitua un bouleversement radical à l'époque de la guerre de Trente Ans et de la ferveur religieuse. On peut dire qu'elle sonna le glas de la pensée médiévale. Tout comme Christophe Colomb avec la découverte de l'Amérique ou Copernic avec la théorie héliocentrique, Descartes avec son rationalisme offre à l'humanité un nouveau regard sur le monde. De même que les livres d'histoire datent le début des temps modernes à partir de la traversée de l'Atlantique par Christophe Colomb en 1492, le « *Cogito, ergo sum* » de Descartes permet de dater le début de la philosophie moderne un peu plus d'un siècle plus tard, en 1637. Descartes pose pour la première fois la question d'une science certaine. Dans son univers très marqué par la religion, ceci est tellement révolutionnaire qu'il craint à juste titre d'être accusé d'hérésie. Pour les théologiens en effet, le véritable savoir prend sa source uniquement dans la foi en Dieu et dans les évangiles. Aussi, lorsqu'il apprend la condamnation de Galilée, Descartes interrompt-il à la dernière minute la publication de son ouvrage scientifique le *Traité du Monde*. On suppose qu'il a lui-même détruit des parties de son œuvre. Il publie son deuxième livre, le *Discours de la méthode*, en 1637 sous couvert d'anonymat, bien qu'il ait émigré dès 1633 aux Pays-Bas, un peu plus libéraux. Il déménage au total pas moins de vingt-deux fois pour passer inaperçu. Et garde toujours secret l'endroit où il se trouve. Il ne confie ses adresses fréquemment changeantes qu'à ses proches et à ses correspondants, comme à son mentor parisien Martin Mersenne :

[...] je vous ferai toujours savoir les lieux où je me trouve, à la condition que vous n'en parliez pas [...]. Je redoute la réputation plus que je ne la souhaite [...].[65]

Pendant longtemps, Descartes se demande s'il ne serait pas plus prudent de ne rien publier et de garder le silence. Mais il n'y parvient pas, comme chacun sait. Ses *Méditations métaphysiques* en 1641 et leur traduction française de 1647 lui apportent la notoriété de son vivant. Dans cet ouvrage, il est le premier à oser différencier foi dans la révélation et science rationnelle. Et ce n'est pas tout : il dissocie une fois pour toutes le savoir commun de la véritable connaissance scientifique. Il ne cesse d'exiger le respect de ses préceptes sur la connaissance :

À quoi nous sert la découverte de Descartes aujourd'hui ?

> Le premier était de ne recevoir jamais aucune chose pour vraie que je ne la connusse évidemment être telle ; [...] et de ne comprendre rien de plus en mes jugements que ce qui se présenterait si clairement et si distinctement à mon esprit, que je n'eusse aucune occasion de le mettre en doute.[66]

Il écrit à un autre endroit :

> Et j'avais toujours un extrême désir d'apprendre à distinguer le vrai d'avec le faux.[67]

Descartes devient le fondateur d'un nouveau courant philosophique qu'on appelle « épistémologie ». Cette nouvelle discipline se consacre aux thèmes suivants : « Qu'est-ce que la connaissance certaine ? Comment et de quelle manière les connaissances se forment-elles dans notre esprit ? Quel rôle y joue l'expérience ? Peut-on savoir quelque chose indépendamment de l'expérience ? Qu'est-ce que la vérité ? »

En doutant radicalement de tout ce que nous percevons par nos sens, Descartes initie une discussion séculaire entre les rationalistes et les empiristes sur l'acquisition d'une connaissance certaine. Les principaux représentants de la querelle épistémologique sont les rationalistes Spinoza, Malebranche, Leibniz et Wolff dans le sillage de Descartes, et leurs adversaires, les empiristes Locke, Bacon, Hobbes, Berkeley et Hume.

Après la mort de Descartes, ses successeurs se nommeront les rationalistes, se référant au mot latin « ratio » qui signifie « raison ». Et en effet, les rationalistes se référaient exclusivement à la raison. Seule la raison, c'est-à-dire la réflexion pure et les déductions logiques, peut nous conduire à une véritable compréhension, comme l'a formulé Descartes en tant que fondateur du rationalisme :

[...] c'est une chose qui m'est à présent connue, qu'à proprement parler nous ne concevons les

À quoi nous sert la découverte de Descartes aujourd'hui ?

> corps que par la faculté d'entendre qui est en nous et non point par l'imagination ni par les sens, et que nous ne les connaissons pas de ce que nous les voyons, ou que nous les touchons, mais seulement de ce que nous les concevons par la pensée.[68]

Partant de son célèbre exemple de la cire, Descartes montre que la simple perception des choses par les sens ne conduit pas à leur connaissance :

> Prenons pour exemple ce morceau de cire [...] ; sa couleur, sa figure, sa grandeur, sont apparentes ; il est dur, il est froid, on le touche, et si vous le frappez, il rendra quelque son. Enfin toutes les choses qui peuvent distinctement faire connaître un

> corps, se rencontrent en celui-ci. Mais voici que, cependant que je parle, on l'approche du feu : ce qui y restait de saveur s'exhale, l'odeur s'évanouit, sa couleur se change, sa figure se perd, sa grandeur augmente, il devient liquide, il s'échauffe, à peine le peut-on toucher [...] et cependant la même cire demeure.[69]

C'est de là que Descartes tire sa conclusion rationaliste :

> Il faut donc que je tombe d'accord, que je ne saurais pas même concevoir par l'imagination ce que c'est que cette cire, et qu'il n'y a que mon entendement seul qui le conçoive [...].[70]

Le lever du soleil est un exemple moderne de la manière dont notre perception par les cinq sens peut facilement nous tromper. La connaissance, ou plutôt la phrase « Le soleil se lève chaque matin » est certes évidente, car nous voyons le soleil se lever chaque matin dans le ciel. Or, elle est fausse pour les rationalistes. D'un point de vue purement rationnel, la phrase devrait être la suivante : « Chaque matin, la rotation de la Terre nous tourne vers le soleil, et nous en éloigne chaque soir » :

[…] et la raison me fait croire […].[71]

L'élément déterminant, d'après Descartes et les rationalistes, serait donc non pas la perception empirique par les sens, mais la raison et elle seule. De même, dans certaines circonstances, il serait incorrect de prétendre que quelqu'un est grand uniquement parce que sa taille est supérieure à tous les autres. Dans un autre endroit, entouré d'autres personnes, il peut paraître petit. L'élément déterminant, d'après Descartes et les rationalistes, serait donc non pas la perception empirique de la personne, mais la notion de relation qui la sous-tend. Seule la raison peut décider en tant qu'instance comparant logiquement si quelque chose est grand ou petit. Et seule la raison peut décider si le soleil « se lève » ou si la Terre nous tourne vers le soleil.

Les empiristes voient les choses de manière exactement opposée. Selon eux, ce n'est pas la pensée, mais l'expérience, donc la perception du monde par nos cinq sens qui est la source de vérité la plus sûre. Les empiristes ont tiré leur nom du mot latin « *empiricus* » qui signifie « expérimenté ». Selon eux, toute théorie est exsangue. Il faut voir les choses avec ses propres yeux et se fier aux expériences et aux choses concrètement perceptibles. Cette méthode sera fatale à l'empiriste Bacon. Pour voir combien de temps on peut conserver de la viande de poulet dans le froid, il séjourne un certain temps dans la glace, mange la viande décongelée et meurt des suites de cette expérience. Mais sa réputation n'en est pas entachée pour autant. Aux yeux des empiristes, il a agi de manière exemplaire : il faut en effet établir les lois et les connaissances de la nature en premier lieu à partir de la collecte d'expériences et de données sensorielles. Selon eux, d'une manière générale, l'organisme humain est semblable à un récipient vide qui se remplit après la naissance avec de plus en plus d'images, d'impressions et d'expériences. Par exemple, le jeune enfant au départ n'a pas peur du feu. Mais après s'être brûlé une première fois, il ne voudra plus répéter l'expérience, car sa raison l'aura mémorisée comme douloureuse. « Il n'y a rien dans l'entendement qui n'ait été auparavant dans les sens », affirme l'empiriste anglais John Locke. Les empiristes ne nient donc pas l'existence de la raison, mais ils ne voient en elle qu'un outil de stockage, et non le fondement de la connaissance qui repose essentiellement sur l'expérience empirique. Descartes au contraire préfère la pensée à l'expérience. Ainsi, selon lui, le triangle ne serait qu'une pure figure issue de la pensée, sur laquelle la raison seule nous permet de faire des affirmations logiquement perceptibles et vraies, sans qu'on ait vu ou touché empiriquement un triangle réel dans sa vie.

Comme, par exemple, lorsque j'imagine un triangle, encore qu'il n'y ait peut-être en aucun lieu du monde hors de ma pensée

> une telle figure, et qu'il n'y en ait jamais eu, il ne laisse pas néanmoins d'y avoir une certaine nature, ou forme, [...] comme il paraît de ce que l'on peut démontrer diverses propriétés de ce triangle, à savoir, que les trois angles sont égaux à deux droits, que le plus grand angle est soutenu par le plus grand côté, et autres semblables [...].[72]

Les empiristes objectent que Descartes a certainement déjà dû voir un triangle dessiné ou en bois dans sa vie (que ce soit à l'école quand il était enfant ou plus tard), faute de quoi il serait bien incapable d'imaginer cette forme. Ce à quoi Descartes réplique :

À quoi nous sert la découverte de Descartes aujourd'hui ?

> [...] je n'ai que faire ici de m'objecter, que peut-être cette idée du triangle est venue en mon esprit par l'entremise de mes sens [...] car je puis former en mon esprit une infinité d'autres figures, dont on ne peut avoir le moindre soupçon que jamais elles me soient tombées sous les sens, et je ne laisse pas toutefois de pouvoir démontrer diverses propriétés touchant leur nature, aussi bien que touchant celle du triangle : lesquelles certes doivent être toutes vraies, puisque je les conçois clairement[73]

Qui a raison en fin de compte ? Les rationalistes ou les empiristes ? Emmanuel Kant répond à cette question par « autant les uns que les autres ». Nous avons besoin des deux, dit Kant, d'une part de la perception empirique par les sens, de l'autre de la capacité de notre raison à penser, à catégoriser et à formuler des jugements. Toute connaissance se base sur ces deux piliers. Si l'un des deux manque, la connaissance ne peut exister. Si, par exemple, la raison fait défaut dans la connaissance de la cire d'abeille, notre perception sensorielle de l'état tantôt solide tantôt liquide restera confuse, chaotique et aveugle. Les impressions sensorielles sont là, mais elles ne peuvent pas être traitées. À l'inverse, si l'expérience empirique et la conception concrète de la cire font défaut, l'idée que nous nous faisons de la cire restera vide de tout contenu : « Sans les sens, nous ne pourrions percevoir aucun objet, et sans la raison, nous ne pourrions pas en imaginer. Les pensées sans contenu sont vides, les intuitions sans concepts sont aveugles. »[74]

Depuis Kant, toute connaissance scientifique et toute connaissance humaine en général doit reposer sur la perception sensorielle d'une part, donc sur des expériences observables et mesurables, et sur l'utilisation correcte de notre esprit d'autre part. Partant de Descartes et de ses détracteurs empiristes, Kant pose alors les fondements épistémologiques de toute la science moderne. Et pourtant, l'épistémologie a continué de se développer. C'est le philosophe anglo-autrichien Karl Popper qui a provisoirement mis un point final à l'épistémologie, la portant à son état le plus actuel. Dans son œuvre majeure, il constate que même une théorie parfaitement pensée et démontrée empiriquement selon l'épistémologie de Kant peut devenir caduque après un certain temps. À chaque fois que les faits empiriques changent ou qu'un meilleur modèle explicatif est trouvé, une théorie scientifique considérée jusqu'alors comme vraie doit être remplacée par une théorie nouvelle et meilleure. Pendant des siècles, on a considéré l'affirmation scientifique « tous les cygnes sont blancs » comme vraie. Quand on a découvert pour la première fois des cygnes noirs en Patagonie, il a fallu abandonner cette vérité. La physique newtonienne, longtemps considérée comme incontestable, a elle aussi dû être remplacée quand Einstein, avec sa théorie de la relativité, a été en mesure de faire des estimations encore plus précises sur la constellation et la position des astres.

De ce point de vue, l'épistémologie innovante de Popper oppose à l'aspiration de Descartes pour une certitude claire et intemporelle le constat désappointant qu'une telle certitude ne peut pas exister puisque toute certitude n'a jamais qu'un caractère provisoire. Chaque scientifique doit être conscient du fait que sa théorie n'est considérée comme « vraie » que jusqu'à ce qu'un modèle explicatif encore meilleur soit trouvé. Si Descartes pouvait encore affirmer :

> [...] il me semble que déjà je puis établir pour règle générale, que toutes les choses que nous concevons fort clairement et fort distinctement, sont toutes vraies-[75]

Popper affirme aujourd'hui : « Nous avons affaire [...], même dans la science la plus sûre, la meilleure, sans exception à un savoir de supputation [...]. Pas à un savoir, mais à un savoir de supputation ».[76] « Le progrès scientifique consiste [...] à trouver des erreurs et à les remplacer par quelque chose de meilleur : par une meilleure hypothèse. »[77]

Succès et revers du dualisme cartésien : Le corps comme simple machine

Comme beaucoup de penseurs de renommée mondiale, Descartes a déclenché avec sa découverte philosophique des processus lourds de conséquences – certains bénéfiques, d'autres néfastes. Son dualisme entre « *res cogitans* », la conscience pensante du sujet d'un côté, et « *res extensa* », l'objet sans âme de l'autre, est l'exemple type de l'ambivalence d'une découverte philosophique. Car d'une part, Descartes a donné des ailes à l'épistémologie, base des méthodes de recherche scientifique modernes, en soulevant la question d'une connaissance assurée et techniquement exploitable ; d'autre part, il a placé l'homme en tant que sujet pensant au centre du monde et dégradé le monde qui l'entoure à l'état d'objet de recherche inanimé. Pourtant, l'autonomie du sujet s'applique : l'esprit doit reconnaître et maîtriser les objets de la nature. À l'aide de la physique mécaniste, Descartes espère calculer avec précision les changements corporels, par exemple ses maladies et son vieillissement, comme le ferait un automate.

Cette division entre « *res cogitans* » et « *res extensa* » ne s'applique donc pas uniquement au rapport de l'homme au monde inanimé, mais également à son rapport à son propre corps. Nous sommes constitués de deux parties : l'esprit et la matière. On retrouve cette image aujourd'hui encore dans le langage courant, par exemple dans la phrase biblique « L'esprit est prompt mais la chair est faible » ou dans la formule moderne « Work your body ». Les médecins aussi distinguent les troubles somatiques des maladies mentales – les symptômes physiques traités par les physiothérapeutes, les chirurgiens et les médecins généralistes, des symptômes psychiques traités par les psychiatres, les psychanalystes et les psychothérapeutes.

Le dualisme cartésien a eu pour conséquence positive un incroyable essor des sciences naturelles et une aspiration nouvelle à décrypter enfin et à rendre maîtrisables les mécanismes et les lois du cosmos et du corps au-delà de toute piété et de tout tabou religieux.

> Ce qui n'est pas seulement à désirer pour l'invention d'une infinité d'artifices, qui feraient qu'on jouirait sans aucune peine des fruits de la terre et de toutes les commodités qui s'y trouvent, mais principalement aussi pour la conservation de la santé, laquelle est sans doute le premier bien et le fondement de tous les autres biens de cette vie [...].[78]

À quoi nous sert la découverte de Descartes aujourd'hui ?

Si nous parvenions, pense Descartes, à faire progresser la recherche en médecine de manière enfin rationnelle, notre espérance de vie pourrait augmenter considérablement :

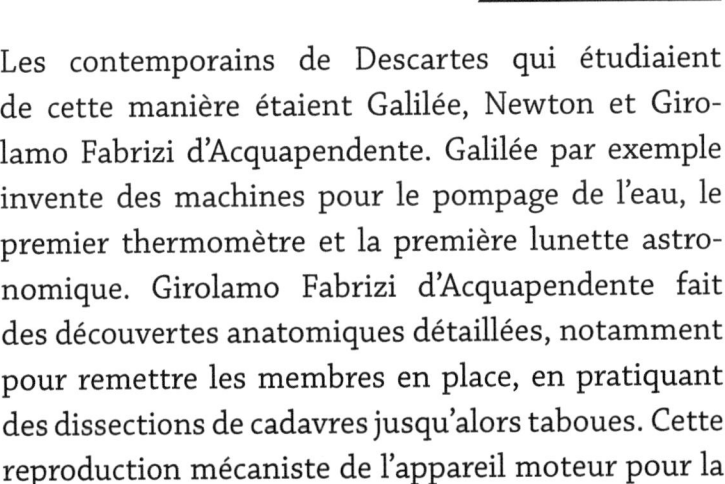

[...] on se pourrait exempter d'une infinité de maladies tant du corps que de l'esprit, et même aussi peut-être de l'affaiblissement de la vieillesse [...].[79]

Les contemporains de Descartes qui étudiaient de cette manière étaient Galilée, Newton et Girolamo Fabrizi d'Acquapendente. Galilée par exemple invente des machines pour le pompage de l'eau, le premier thermomètre et la première lunette astronomique. Girolamo Fabrizi d'Acquapendente fait des découvertes anatomiques détaillées, notamment pour remettre les membres en place, en pratiquant des dissections de cadavres jusqu'alors taboues. Cette reproduction mécaniste de l'appareil moteur pour la disposition des articulations et la « remise en place des os » qui lui est attribuée en témoigne également.

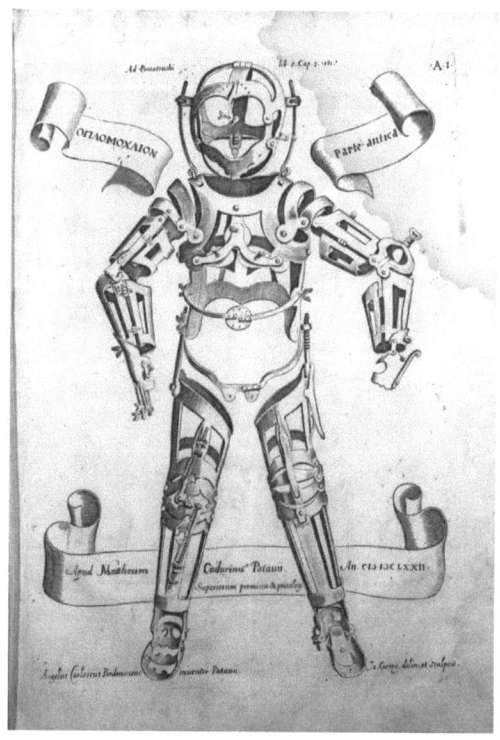

Comme l'a prédit Descartes, des progrès révolutionnaires ont lieu au cours des siècles suivants dans le domaine de la médecine, surtout après la découverte de l'hygiène comme condition préalable à tout type d'opération. En séparant le sujet de l'objet, l'esprit du corps, Descartes a indubitablement donné un grand élan à la recherche scientifique.

Le dualisme cartésien et sa représentation mécaniste du corps a également eu des conséquences sur le rapport de l'homme à l'animal. Pour Descartes, les animaux font exclusivement partie du monde matériel de la « *res extensa* ». Selon lui, les animaux seraient dépourvus de « cogito ». Dans le fond, ils ne fonctionneraient que comme de stupides automates, de manière purement mécanique. Selon Descartes, ils ne voient et n'entendent pas. Des mouvements visuels et auditifs machinaux s'effectuent en eux. Leur structure interne est totalement unidimensionnelle. Parfois, selon Descartes, on peut avoir l'impression que les animaux sont malins et qu'ils font preuve d'auto-réflexion parce qu'ils sont souvent plus adroits que nous. Mais à y regarder de plus près, ceci n'est qu'une tromperie. Les chats par exemple, contrairement aux hommes, retombent toujours sur leurs pattes lors d'une chute, ou adoptent instinctivement le bon comportement dans des situations de stress, alors que les hommes sont souvent freinés par leurs réflexions.

> C'est aussi une chose fort remarquable que, bien qu'il y ait plusieurs animaux qui témoignent plus d'industrie que nous [...] de façon que ce qu'ils font mieux que nous ne prouve pas qu'ils ont de l'esprit [...] ; mais plutôt qu'ils n'en ont point, et que c'est la nature qui agit en eux [...].[80]

Ce n'est donc pas le « cogito », mais la nature ou un mécanisme naturel qui agit dans les animaux. Ce mécanisme naturel fait qu'automatiquement le chat se retourne en l'air et retombe sur ses quatre pattes. C'est pourquoi Descartes compare l'habileté des animaux, parfois supérieure à la nôtre, à une horloge bien remontée :

> Ainsi qu'on voit qu'une horloge, qui n'est composée que de roues et de ressorts, peut compter les heures et mesurer le temps plus justement que nous avec toute notre prudence.[81]

Finalement, selon Descartes, il faudrait se représenter les animaux comme des horloges et des automates qui fonctionnent bien. Cette idée, associée à un grand engouement pour la technique au début du XVIIIe siècle, engendre une curieuse mode qui consiste à reproduire les animaux sous forme d'automates.

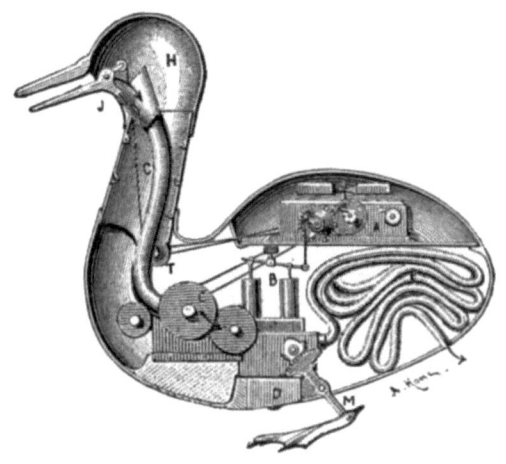

En 1737, l'inventeur français Vaucanson parvient à construire un canard mécanique composé de plus de quatre cents pièces mobiles. Lorsqu'on le remonte, il peut battre des ailes, reproduire des nasillements grâce à un soufflet, aspirer de l'eau et des graines, les digérer apparemment par un intestin en caoutchouc, puis déféquer. On découvrira des années plus tard que Vaucanson n'a fait que simuler le processus de digestion en plaçant une boîte pour recueillir les graines aspirées et un compartiment de défécation rempli de bouillie. Ceci n'a pourtant pas affecté sa gloire de premier inventeur capable de reproduire un animal.

Ce qui est fatal dans la pensée de Descartes qui considère les animaux comme des automates appartenant à la « *res extensa* », ce n'est pas la reproduction cocasse d'un canard, mais le traitement moral – ou plutôt immoral – qui en découlera, consistant à considérer l'animal comme une « chose ». Car, selon Descartes, les automates ne pensent pas, ils ne sont que matière. Le fait que les animaux ne parlent pas est selon lui la démonstration d'une absence de liberté de décision et de réflexion.

> Et ceci ne témoigne pas seulement que les bêtes ont moins de raison que les hommes, mais qu'elles n'en ont point du tout [...].[82]

En classant les animaux dans la « *res extensa* » inanimée, Descartes ouvre sans aucun doute la voie à la pratique abominable qui consistera à traiter les animaux comme des automates insensibles. Et en effet, pendant des siècles, d'un point de vue juridique, le traitement des animaux aura le même statut que le traitement des objets. Il faudra attendre 1990 pour que le code civil allemand (BGB) s'oppose finalement au dualisme cartésien et constate que « les animaux ne sont pas des choses. Des lois spéciales les protègent ».[83] Dans la jurisprudence de l'Union européenne, Descartes ne sera vaincu qu'en 2009. Le Traité de Lisbonne stipule qu'à l'avenir « les États membres tiennent pleinement compte des exigences du bien-être des animaux en tant qu'êtres sensibles. »[84]

Le dualisme esprit/matière est donc à double tranchant. Il encourage d'une part l'exploration objectivement scientifique de la nature, de ses mécanismes et de ses lois avec tous les progrès techniques réalisés dans la production et la médecine. D'autre part, il la dégrade en l'abaissant au statut de pur objet de soumission – par notre raison calculatrice :

> [...] car elles m'ont fait voir qu'il est possible de parvenir à des connaissances qui soient fort utiles à la vie ; [...] connaissant la force et les actions du feu, de l'eau, de l'air, des astres, des cieux, et de tous les autres corps qui nous environnent, [...] et ainsi nous rendre comme maîtres et possesseurs de la nature..[85]

Les hommes, c'est le grand espoir de Descartes, peuvent se hisser au rang de « maîtres et possesseurs de la nature » grâce à leurs connaissances. Bien entendu, il faut lui reconnaître qu'en bon enfant de son temps, comme Galilée, Copernic et d'autres, il est fasciné par les sciences émergentes, par leurs inventions et leurs possibilités révolutionnaires. Le télescope, la boussole et la presse d'imprimerie ouvrent des perspectives nouvelles dans le commerce, les transports et les échanges scientifiques. La technique suscite déjà à cette époque un premier engouement. Les conséquences aujourd'hui dramatiquement visibles de l'exploitation totale de la nature jusqu'au réchauffement climatique sont encore loin. Cependant, le dualisme cartésien peut ou doit au moins être considéré comme le point de départ de cette habilitation du sujet, optimiste du point de vue des Lumières, mais également lourde de conséquences vis-à-vis de la nature.

Nous savons aujourd'hui que la domination effrénée de la nature, avec les phénomènes d'émissions de CO_2, de défrichage à grande échelle des forêts tropicales, d'élevage de masse, de transports d'animaux, de fongicides, de pesticides et de surexploitation des matières premières fossiles qui en découlent, doit être repensée de toute urgence. Il faut que l'homme se redéfinisse, au-delà de Descartes, et qu'il se voie comme un co-acteur ou un gardien de la nature.[86]

Finalement, la philosophie de Descartes a profondément fissuré la perception de la réalité. Si autrefois les hommes croyants se sentaient encore appartenir à un monde créé et régi par Dieu, si les chamanes et les hommes de la préhistoire se voyaient encore appartenir au cycle éternel de la nature, il y a depuis Descartes le sujet humain d'un côté et la nature de l'autre.

L'aspect positif du dualisme cartésien et de l'idée centrale de son « Cogito, ergo sum », c'est que la pensée s'émancipe de la tutelle religieuse. En mettant l'accent sur la « *res cogitans* » comme ultime certitude, Descartes destitue la spiritualité et place la rationalité sur le trône de la science. Il impose la séparation jusqu'alors impossible de la foi et de la connaissance, de la théologie et de la philosophie. Le cosmos fermé du Moyen Âge explose et se scinde une fois pour toutes en deux parties. Descartes pressent déjà les conséquences de sa révolution philosophique. Il écrit à un ami qu'il vaudrait mieux que ses ouvrages soient publiés après sa mort pour ne pas mettre sa vie en danger. Celui-ci lui répond que c'est tout aussi dangereux, car les lecteurs intéressés n'auraient pas d'autre moyen pour se procurer ses écrits que de le tuer dès que possible. Ce à quoi Descartes répond :

Je n'ai pas pu m'empêcher de sourire en lisant le passage où vous dites que je force le monde à me tuer pour que l'on puisse découvrir mes écrits plus tôt [...];[87]

Mais ce plan audacieux de le tuer et de voler ses livres échouerait certainement, car il a si bien caché ses écrits qu'ils

ne seront certainement pas découverts avant plus d'un siècle après ma mort.⁸⁸

Au final, nul ne sait si cette correspondance a encouragé Descartes à publier ses œuvres. En tout cas, il a osé et - comme prévu - s'est attiré la critique de l'Église. Deux ans après la parution des *Méditations*, les Jésuites tiennent à Paris une discussion publique sur ses écrits sans l'en informer. Après plusieurs procédures et des interdictions locales, le Saint-Siège les met à l'index en 1663. En 1691, le roi de France en interdit la diffusion dans toutes les écoles françaises. Mais Descartes est déjà mort. Il décède en 1650 en Suède où, en tant que professeur privé de la Reine Christine, il est à l'abri des poursuites, mais souffre du grand froid et du lever matinal. Toute sa vie durant, il a été un grand dormeur. Mais la régente avide de savoir ordonne qu'il se lève à cinq heures du matin pour lui donner des cours particuliers. Cinq mois après son arrivée à la cour de Suède, il meurt à l'âge de cinquante-trois ans.

Des années auparavant, des bigots l'ont vertement attaqué dans son exil en Hollande. Le théologien protestant Gisbert Voetius l'accuse d'athéisme. À tort, car si Descartes était un rationaliste, il n'en était pas moins croyant. Il est convaincu que seuls les corps étendus de la « *res extensa* » sont mortels. Ils peuvent se décomposer et disparaître. La substance pensante, la « *res cogitans* », elle, ne meurt jamais.

La « res cogitans » est-elle immortelle ?

Dans une lettre de 1642 à son ami Constantin Huygens, Descartes écrit que la « *res cogitans* » est immortelle de par sa substance, contrairement à notre corps qui appartient à la « *res extensa* ». Selon lui, les hommes ne sont pas nés uniquement pour vivre leur vie sur terre du mieux qu'ils peuvent, pour travailler, manger, boire, étudier, atteindre un grand âge et faire le plus d'expériences agréables possible. Descartes est convaincu que

À quoi nous sert la découverte de Descartes aujourd'hui ?

> Nous sommes nés pour des plaisirs et des bonheurs beaucoup plus grands que ceux dont nous jouissons dans le monde [...].[89]

D'après Descartes, ces plus grands plaisirs et ces plus grands bonheurs, nous ne les trouvons manifestement qu'après notre vie sur terre. Il est persuadé que nous retrouverons les morts un jour ou l'autre :

> [...] de sorte que je ne puis m'empêcher de penser que [...] nous les retrouverons, car je reconnais en nous une mémoire intellectuelle qui est assurément indépendante du corps.[90]

C'est l'immortalité de la pensée que Descartes met ici en avant. Le choix des mots et l'intensité de la lettre adressée à son ami montrent qu'il est convaincu de l'existence d'une « mémoire intellectuelle » qui continue de vivre après notre mort physique. Qu'a-t-il voulu dire ? À quoi peut ressembler cette « mémoire intellectuelle » qui survit ? Descartes lui-même n'approfondissant pas, nous ne pouvons donc que spéculer. Croyait-il dans la survie du génie personnel de chaque individu ou seulement à la survie de ses pensées dans la mémoire collective de la société ?

Quelle que soit la réponse à cette question, Descartes en tout cas a pris parti pour l'intemporalité de la pensée. Les morts, selon lui, ne meurent pas vraiment. Nous les rencontrons toujours. Leurs pensées et leurs actions sont profondément ancrées dans la mémoire de l'humanité et nous qui vivons aujourd'hui pouvons encore les rencontrer même s'ils sont morts depuis longtemps :

[…] la lecture de tous les bons livres est comme une conversation avec les plus honnêtes gens des siècles passés, qui en ont été les auteurs, et même une conversation étudiée, en laquelle ils ne nous découvrent que les meilleures de nos pensées […].[91]

À quoi nous sert la découverte de Descartes aujourd'hui ?

La pensée, la « *res cogitans* » des « honnêtes gens des siècles passés » survit, même si leurs corps sont réduits en poussière depuis longtemps. Ainsi, nous nous souvenons aujourd'hui encore de Platon, Bouddha, Alexandre le Grand, Confucius, Marx, Kant, Einstein et de bien d'autres qui ont marqué notre « mémoire intellectuelle ».

Le philosophe Hegel a développé cette idée de Descartes. Selon Hegel, ce ne sont pas uniquement les destinées, les actions et les pensées des grands esprits qui sont conservées dans la mémoire intellectuelle de l'humanité, mais l'action de tous les hommes sur terre, celle des importants et celle des moins importants. Car le Zeitgeist qui marque une époque n'est pas seulement le produit de quelques grandes personnalités, mais la somme de tous les efforts des hommes de cette époque. Chacun contribue à sa place, par sa pensée et son action, à la mémoire collective de l'époque. Les hommes transmettent à la génération suivante leur savoir et leurs expériences à tous les niveaux. Ainsi, leur esprit est conservé et préservé dans le monde, même si un nouveau Zeitgeist émerge à l'époque suivante qui continue de se développer sur la base des expériences de la précédente. Hegel parle d'« esprit du monde » quand Descartes parle de « mémoire intellectuelle ». Le grand mérite de Descartes reste toutefois de nous avoir montré la force immense de la pensée. Pas de n'importe quelle pensée, mais de la pensée rationnelle. Hegel dit à juste titre : « René Descartes est en réalité le véritable initiateur de la philosophie moderne, dans la mesure où elle fait de la pensée un principe. »[92]

« Je doute donc je suis » - Pourquoi cette formule est-elle si actuelle ?

Descartes nous incite à ne plus croire à rien sans vérifier ce que d'autres affirment être « vrai » et ce qui est enseigné comme vérité à l'école. Nous devons douter de tout ce que nous avons appris dès notre plus jeune âge et tout remettre en question. Nous ne pouvons tenir pour vrai que ce qui nous paraît « clair et logique » comme le dit Descartes. En fait, c'est en quelque sorte une incitation intemporelle à la pensée critique :

[...] plusieurs jugements [...] nous préviennent de telle sorte qu'il n'y a point d'apparence que nous

À quoi nous sert la découverte de Descartes aujourd'hui ?

> puissions nous en délivrer, si nous n'entreprenons de douter une fois en notre vie de toutes les choses où nous trouverons le moindre soupçon d'incertitude [...]..[93]

Bien sûr, dans la pratique, nous ne pouvons pas douter de tout en permanence. Ne serait-ce qu'en raison de l'abondance des informations et des connaissances de notre monde complexe, nous devons nous fier à certaines conclusions de la recherche. Lorsque, par exemple, nous apprenons à l'école la théorie de l'évolution de Darwin selon laquelle l'homme s'est développé au cours de millions d'années à partir de structures cellulaires organiques et que la parenté génétique avec ses ancêtres animaux est prouvée, nous n'avons pas d'autre choix que d'accepter ce savoir comme tel. De même, nous ne pouvons jamais vérifier les informations qui nous parviennent chaque jour par les médias, faute de temps ou d'accès aux sources. Pourtant, nous devrions toujours avoir à l'esprit l'avertissement de Descartes, de

> [...] ne jamais accepter une chose comme vraie sans la connaître exactement en tant que telle.[94]

À l'ère des médias, le risque d'images manipulées, de statistiques enjolivées et d'une couverture médiatique partiale est grand. Le discours du ministre des affaires étrangères américain Colin Powell devant le conseil de sécurité de l'ONU le 5 février 2003 en est un exemple parmi d'autres devenu tristement célèbre : « Les informations que je vous présente aujourd'hui sont de sources variées [...]. Certaines sources sont de nature technique, comme les écoutes téléphoniques ou les photos satellites. D'autres sources sont des personnes qui ont risqué leur vie pour que le monde apprenne ce que Saddam Hussein a vraiment l'intention de faire. »[95] Le ministre des affaires étrangères américain montre à l'assistance et à la presse mondiale toute une série de preuves photographiques et de documents sur des usines d'armes

À quoi nous sert la découverte de Descartes aujourd'hui ?

chimiques et nucléaires pour justifier l'offensive des États-Unis contre l'Irak qui s'ensuivra. À la fin de la guerre, aucune arme de destruction massive ne pourra être découverte dans l'Irak occupé. Powell avouera plus tard qu'il s'agissait de preuves manipulées que les services secrets avaient « préparées » pour les présenter au monde entier. Powell reconnaît que ce fut une « tache » dans sa carrière. Une vérification immédiate et minutieuse des informations aurait pu éviter au conseil de sécurité d'être trompé. Certes, Powell avait dressé un tableau général impressionnant de la menace que représentait Saddam Hussein, mais aucune des différentes preuves apportées n'aurait résisté à un contrôle approfondi. On a omis, comme Descartes nous le suggère méthodiquement,

de diviser chacune des difficultés [...] en autant de parcelles qu'il se pourrait, et qu'il serait requis pour mieux les résoudre.[96]

L'injonction de Descartes à douter de tout ce que l'on voit de ses propres yeux et de tout ce que l'on entend est plus actuelle que jamais. C'est une exigence fondamentale de la philosophie. En particulier, les sociétés démocratiques et leurs citoyens doivent perpétuer le doute et être prêts à engager le dialogue. Pour dialoguer, il est essentiel de vérifier les opinions et de ne pas considérer sa propre opinion comme infaillible. Lorsqu'on veut convaincre les autres de changer de point de vue, il faut aussi y être prêt soi-même.

> Je sais combien nous sommes sujets à nous méprendre en ce qui nous touche, et combien aussi les jugements de nos amis nous doivent être suspects, lorsqu'ils sont en notre faveur.[97]

La propension à douter est absolument nécessaire pour qu'une société soit ouverte, comme nous le démontre de manière si saisissante Aldous Huxley dans ses romans dystopiques et ses essais politiques : « La philosophie nous enseigne à douter de ce qui nous

À quoi nous sert la découverte de Descartes aujourd'hui ?

paraît évident. La propagande, au contraire, nous enseigne à accepter pour évident ce dont il serait raisonnable de douter. »[98]

La propension souhaitée par Descartes à contempler le monde avec curiosité, étonnement et esprit critique et à douter de tout ce qui nous semble certain est un défi permanent et un principe philosophique essentiel. Dans un monde de plus en plus complexe, il peut paraître tentant de s'éloigner du doute et de se ranger du côté des gouvernants, des médias et de la pensée majoritaire. Douter suppose un effort. L'adaptation et le repli sur soi sont malheureusement des manières d'échapper à cet effort et d'éviter le dialogue. Or, c'est précisément ce contre quoi Descartes nous met en garde avec insistance :

Vivre sans philosopher, c'est comme si on gardait les yeux fermés sans jamais essayer de les ouvrir.[99]

Quand on avance dans l'existence avec les yeux ouverts, on n'arrête jamais de philosopher. Il le sait :

Index des citations

1. René Descartes, Discours de la méthode pour bien conduire sa raison, et chercher la vérité dans les sciences, Folio Plus Philosophie, Éditions Gallimard, 1991, p. 9.
2. René Descartes, Méditations métaphysiques, Éditions Flammarion, 2009, p. 79.
3. Descartes, Discours de la méthode, p. 15.
4. Descartes, Méditations, p. 92.
5. Descartes, Lettre à Picot, dans : René Descartes, Discours de la Méthode, Französisch - Deutsch, Im Anhang: Brief an Picot, Lettre de l'auteur - Brief des Autoren, Éditions Felix Meiner, Hambourg 2011, p. 161, citée ci-après comme « Lettre à Picot ».
6. Descartes, Méditations, p. 79.
7. ibid., p. 91.
8. ibid., p. 91.
9. Descartes, Discours de la méthode, p. 78.
10. René Descartes, Principes de la philosophie, Librairie philosophique J. VRIN, édition de poche 2009.
11. Descartes, Discours de la méthode, p. 38.
12. ibid., p. 38.
13. Descartes, Méditations métaphysiques, p. 96.
14. Descartes renonce en 1633 à la publication de son ouvrage scientifique Traité du Monde, lorsqu'il apprend la condamnation de Galilée. Certains chapitres sont restés introuvables, c'est pourquoi on suppose qu'il les a détruits lui-même. Il publie anonymement son deuxième livre Discours de la méthode en 1637 à Leyde en Hollande.
15. Descartes, Méditations métaphysiques, p. 55.
16. ibid., p. 56.
17. ibid., p. 176.
18. ibid., p. 74.
19. Descartes, Discours de la méthode, p. 164.
20. Descartes, Méditations métaphysiques, p. 81.
21. ibid., p. 102.

22 ibid., p. 118.
23 ibid., p. 81.
24 ibid., p. 81.
25 ibid., p. 82.
26 ibid., p. 82.
27 ibid., p. 82.
28 ibid., p. 83.
29 ibid., p. 83.
30 ibid., p. 85.
31 ibid., p. 84.
32 ibid., p. 91.
33 ibid., p. 89.
34 ibid., p. 86.
35 ibid., p. 89.
36 ibid., p. 89.
37 ibid., p. 89.
38 ibid., p. 91.
39 ibid., p. 91.
40 ibid., p.93.
41 ibid., p. 93.
42 Discours de la méthode, p. 38.
43 ibid., p. 38.
44 ibid., p. 38.
45. Il a publié son livre « Discours de la méthode, pour bien conduire sa raison, et chercher la vérité dans les sciences » en 1637, soit quatre ans avant les Méditations. On y trouve déjà son idée centrale selon laquelle l'homme est avant tout un être pensant, ainsi que sa célèbre phrase « Je pense, donc je suis ». Les « Méditations métaphysiques » publiées en 1641 sous son propre nom sont donc, du point de vue chronologique, une œuvre postérieure. Elle doit en fait être comprise comme une justification phénoménologique ultérieure et une introduction à grande échelle à son idée centrale, p. 25.
46 Descartes, Discours de la méthode, p. 25.
47 Descartes, Lettre à Picot, p. 165.
48 Descartes, Méditations métaphysiques, p. 120.
49 ibid., p. 167.
50 Descartes, Principes de la philosophie, p. 55.
51 ibid.

52 ibid., p. 55.
53 ibid., p. 56.
54 ibid.
55 ibid.
56 René Descartes, Les Principes de la philosophie, Seconde Partie, Ecrits en Latin et traduit en français par un de ses amis, Paris 1651, art. XXXVI, p. 93
57 Méditations métaphysiques, p. 170.
58 ibid., p. 96.
59 René Descartes, Les Principes de la philosophie, Seconde Partie, Ecrits en Latin et traduit en français par un de ses amis, Paris 1651, art. XXIII, p. 81.
60 Méditations métaphysiques, p. 203.
61 ibid., p. 204.
62 Méditations métaphysiques, p. 143.
63 ibid., p. 190.
64 ibid., p. 207.
65 Descartes, Lettre à Mersenne du 15 avril 1630, dans : Ausgewählte Schriften, Éditions Fischer, Francfort/Main 2001, p. 146. Citation traduite par la traductrice.
66 Discours de la méthode, p. 25.
67 ibid., p. 17.
68 Méditations métaphysiques, p. 108.
69 Méditations métaphysiques, p. 102.
70 ibid., p. 104.
71 ibid., p. 119.
72 ibid., p. 165.
73 ibid., p. 166.
74 Immanuel Kant, La critique de la raison pure, publié par Wilhelm Weischedel, Werke in 12 Bänden, Band III, Suhrkamp, Frankfurt a. Main 1968, p. 98. Citation traduite par la traductrice.
75 Méditations métaphysiques, p. 110.
76 Karl R. Popper, dans : Karl R. Popper, Konrad Lorenz, Die Zukunft ist offen, Éditions Piper, livre de poche, Munich/Zurich 1985, p. 50. Citation traduite par la traductrice.
77 Karl R. Popper, dans : « Ich weiß, daß ich nichts weiß – und kaum das », Karl Popper dans une interview sur la politique, la physique et la philosophie avec le quotidien « Die Welt », Éditions Ullstein, Francfort/Main 1990, p. 104. Citation traduite par la traductrice.

78 Descartes, Discours de la méthode, p. 64.
79 ibid. p. 65.
80 ibid., p. 61.
81 ibid., p. 61.
82 ibid., p. 60.
83 Code civil allemand, Section 2, § 90a.
84 Traité de Lisbonne, Traité sur le fonctionnement de l'Union européenne, Article 13.
85 Descartes, Discours de la méthode, p. 64.
86 La critique exprimée ici sur les conséquences du dualisme cartésien et de la dévalorisation des animaux n'est pas partagée par tous les spécialistes de Descartes. Ainsi, Dominik Perler précise dans son livre sur Descartes que la stricte séparation de la pensée de la « res extensa » a avant tout des raisons méthodologiques : « La théorie du moi pensant n'est qu'un moyen méthodologique pour établir un fondement de connaissances sûr. Une fois ce fondement posé, Descartes tient tout à fait compte de ses semblables et des autres êtres vivants dans la nature », Dominik Perler, René Descartes, Munich 2006, p. 259. Citation traduite par la traductrice.
87 Descartes, Ausgewählte Schriften, p. 157. Citation traduite par la traductrice.
88 ibid. Citation traduite par la traductrice.
89 Descartes, Lettre à son ami Constantin Huygens du 10 octobre 1642, dans : René Descartes, Briefe 1629 – 1650, Éditions Max Bense, traduit par Fritz Baumgart, Éditions Staufen, Cologne 1949, p. 260. Citation traduite par la traductrice.
90 ibid.
91 Discours de la méthode, p. 13.
92 Friedrich Hegel, Vorlesungen über die Geschichte der Philosophie, III, dans : Friedrich Hegel, Werke in 20 Bänden, Bd. 20, Frankfurt a. Main 1986, Band 20, p. 123.
93 Descartes, Principes de la philosophie, p. 44.
94 Descartes, Discours de la méthode, p. 25.
95 Colin Powell, Discours devant le Conseil de sécurité de l'ONU le 5 février 2003, dans : Auf Lügen gebaut, 10 Jahre nach der Anklagerede von Colin Powell gegen den Irak, Die Welt, quotidien, Éditions Axel Springer Verlag, Hambourg 2013, numéro du 5 février 2013.
96 Descartes, Discours de la méthode, p. 25.

97 ibid., p. 11.
98 Aldous Huxley, Retour au meilleur des mondes, Éditions Plon, 1958, p. 61. Le livre « Retour au meilleur des mondes » paraît en 1957, trois décennies après son roman internationalement célèbre « Le meilleur des mondes ». Huxley y examine dans quelle mesure les éléments de manipulation décrits de manière fictive dans le roman sont désormais mis en place dans la société.
99 Descartes, Lettre à Picot, p. 143.
100 Descartes, Méditations métaphysiques, p. 109.

Déjà paru dans la même série:

Walther Ziegler
Adorno en 60 minutes

Walther Ziegler
Arendt en 60 minutes

Walther Ziegler
Buddha en 60 minutes

Walther Ziegler
Camus en 60 minutes

Walther Ziegler
Confucius en 60 minutes

Walther Ziegler
Descartes en 60 minutes

Walther Ziegler
Epicure en 60 minutes

Walther Ziegler
Foucault en 60 minutes

Walther Ziegler
Freud en 60 minutes

Walther Ziegler
Habermas en 60 minutes

Walther Ziegler
Hegel en 60 minutes

Walther Ziegler
Heidegger en 60 minutes

Walther Ziegler
Hobbes en 60 minutes

Walther Ziegler
Kafka en 60 minutes

Walther Ziegler
Kant en 60 minutes

Walther Ziegler
Marx en 60 minutes

Walther Ziegler
Nietzsche en 60 minutes

Walther Ziegler
Platon en 60 minutes

Walther Ziegler
Popper en 60 minutes

Walther Ziegler
Rawls en 60 minutes

Walther Ziegler
Rousseau en 60 minutes

Walther Ziegler
Sartre en 60 minutes

Walther Ziegler
Schopenhauer en 60 minutes

Walther Ziegler
Smith en 60 minutes

Walther Ziegler
Wittgenstein en 60 minutes

AUTEUR:

Walther Ziegler est professeur d'université et docteur en philosophie. En tant que correspondant à l'étranger, reporter et directeur de l'information de la chaîne de télévision allemande ProSieben, il a produit des films sur tous les continents. Ses reportages ont été récompensés par plusieurs prix. En 2007, il a pris la direction de la « Medienakademie » à Munich, une Université des Sciences Appliquées et y forme depuis des cinéastes et des journalistes. Il est l'auteur de nombreux ouvrages philosophiques, qui ont été publiés en plusieurs langues dans le monde entier. En sa qualité de journaliste de longue date, il parvient à résumer la pensée complexe des grands philosophes de manière passionnante et accessible à tous.